後悔を減らすために

失敗事例から学ぶ
労務管理

ニューノーマルにおける労務管理の基本的な対応と考え方

社会保険労務士　蓑田 真吾 著

税務経理協会

■ 労務管理の選択肢は星の数ほどある

- ・ 自社の背景に沿った労務管理体制を構築することが重要
- ・ 労働判例を参考にするだけでは十分でない
- ・ 後悔の少ない選択肢を事前に用意できているか
- ・ 失敗のない会社はない，その後の修正が重要
- ・ 移り変わる状況判断と個の育成

「労務管理」と聞くと，保守的であるとか，利益を生み出さないなど，必ずしも前向きな印象を与えるキーワードとはいえません。企業である以上，慈善事業を除き，利益を上げていくことが会社を存続させ，ひいては従業員やその家族を守ること，株主の納得，事業拡大にも寄与するといえます。

しかし，組織が「砂上の楼閣」であっては，継続的に利益を出していくには心もとない状態です。そして，ずさんな労務管理や法改正への対応が遅れている組織では，従業員の組織に対する帰属意識が希薄となり，各々の従業員が一定水準以上の生産性のある働き方を継続していくことが難しくなります。

報道等ではさまざまな労務管理体制が取り上げられ，なかには時代のトレンドも加味した先進的な手法も数多くあります。しかし，他社の取り組みが自社にも合致するかというと，必ずしもそうとは限りません。自社の背景に沿った労務管理体制を選択していかなければ，長く続けていくことは困難といわざるを得ません。

また，労務管理体制は，一度構築した場合であっても修正を加えていくことが大切です。with コロナ時代へ突入し，時代の流れは劇的に変化しました。過去の判例を踏まえながらも，自社の背景，現代の社会情勢に置き換えた判断は，不可欠な要素となっています。

本書では多くの労働判例を扱っており，多角的な視点で参考にしていただく

ことができます。ここで誤ってはならない点として，有名な労働判例であっても必ずしも自社の労務管理と合致した結果になるとはいえず，「自社の労務管理に置き換えた視点」が不可欠です。また，法的な争いとなり，実際に判決に至ることは決して多くなく，和解やそもそも法的な争いに至らないことも多くあります。しかし，トラブルが表面化するということは，決して望ましい状態とはいえません。

　そこで本書では，労働判例以外の通達なども多く取り扱っており，法律条文だけでは理解に至らない論点の一助になれば幸いです。また，実際にトラブルとなってしまった場合やその兆候が見えた場合には，複数の選択肢を用意できていることは強みといえます。with コロナの時代においては，旧来の社会通念が一部覆っており（例えば労働者に対して行う対面での面談は，感染拡大防止の観点から必ずしも望ましいとはいえず面談を非対面で行う），働き方改革を契機に「時間・場所・契約形態」の多様化が見られました。働く時間は時差出勤やフレックスタイム制の導入，場所は在宅勤務などのテレワーク，契約形態は労働契約に限らずフリーランスの活用など，コロナ禍を契機に働き方改革は一気に加速したといえます。

　しかし，その分だけ労務管理における留意点は幅広くなりました。複雑な時代背景のなかでは，トラブル発生時等の論点の正確な把握はもちろんのこと，問題解決のための糸口となる選択肢も複数用意できていることで早期の解決が期待できます。ただし，組織は，毎回必ず正しい選択を繰り返せるとは限りません。一般的に正しいとされる選択肢であっても，結果的に自社でおいては正しい選択肢とはいい難いものになってしまう場合もあります。すなわち，現実的に失敗をすべて回避することは難しいと考えます。

　本書でご紹介する失敗事例への対応は，すべての会社で必ず同じ効果が表れることを保証するものではありませんが，可能な限り無用な失敗は避ける「転ばぬ先の杖」としてご活用いただければと考えます。また，既に失敗してしまったという場合であっても，「失敗という事実」は変えることはできませんが，今後の取り組み方によっては「失敗の意味」を変えることはできます。過去の

失敗があったからこそ今の姿があるということであれば，その「失敗は無意味」であったと速断すべきではありません。

　最後に，時代の流れはコロナ禍を経て，急速に変革を遂げています。1人の人事労務担当者の対応であっても労働者目線では「会社の対応」となり，1つの小さな判断が時間を経て（良い方向にも悪い方向にも）肥大化する事例は，決して珍しいことではありません。また，コロナ禍以降は，人事労務担当者に求められるスキルも専門的かつ複雑化してきております。

　目の前の従業員からの求めがあり，それはどのような論点で疑義が生じているのか，何を求められているのか，目の前の質問に対して今解答すべきか，そうではないのか，そもそも認識齟齬は起きていないのか，解答しようとする内容に機密情報や第三者の個人情報は含まれていないのか，といった問いかけが，移り変わる状況判断能力と個の育成，ひいては組織力の向上は今まさに「強い企業」に求められる必須のスキルとなります。

2021 年 4 月

蓑 田 真 吾

目　　次

■ 労務管理の選択肢は星の数ほどある

■ ニューノーマル（新常態）における労務管理の基本的な対応と考え方

■ 第1章

有 給 休 暇

···

I 有給休暇の性質

- ・　申 請 理 由
- ・　時 季 指 定 権
- ・　時 季 変 更 権

【失敗事例 1 】

　今月に入り，有給休暇の取得が多くなった部下に対して「なぜ・どんな理由で有給休暇を取っているのか。」と尋ねて，取得理由を確認したところ，交際中の女性と会う予定があるということなので，「〇月〇日は定例の会議だから有給休暇は認めない。出勤するように。」とした。

【注意点】 1　繁忙期や定例業務日における労働者からの有給休暇時季指定対応

　　　　　 2　最近になって出社率が悪くなった場合の対応

　　　　　 3　会社は，どのようなときに有給休暇を拒めるのか

　有給休暇は，自社のストライキに参加する場合を除いて，本来どのような理由で取得するのかを使用者が干渉する余地はありません。

　近年は少なくなってきましたが，自社のストライキへの参加となると自社の

業務を妨害する意図があり，既に労務管理から逸脱しているといわざるを得ません。よって，有給休暇の適正な使用とはいえないということです。

次に，自社のストライキへの参加ではない場合においては，前述のとおり，どのような理由で取得するかは労働者の自由です。

「○月○日に有給休暇を申請すること」を，労働者側の目線では「時季指定権」といいます。企業によっては，有給休暇を申請する際に「取得理由」欄が設けられている場合も多いでしょう。そのこと自体が直ちに違法とはいえませんが，取得理由の記載内容による部下への対応が問題となる場合があります。

理由の欄には「家事都合」と記載してあり，あまりにも形式的すぎると判断した上司が部下に尋ねたところ，交際中の女性と会うことがわかりました。そこで，「その日には課内の会議があるため有給休暇の申請は認めない。」といった対応（取得理由によって対応を変える）であれば問題です。

【時季変更権】

企業には，労働者から指定された有給休暇について，そのまま行使されると企業の正常な運営に支障をきたす場合があり，「時季変更権」といって，休暇の取得を別の日に変更できる権利があります。上記の事例では，そもそも有給休暇の取得を「消滅させている」ともとられかねないことが問題です。時季変更権はあっても，"時季消滅権"はありません。

では，時季変更権は，どのようなときに認められるのでしょうか。当然，無制限に認められてしまうと有給休暇の取得が進まず，2019 年 4 月 1 日に施行された有給休暇の 5 日取得（企業規模を問わない。労働基準法第 39 条 7・8 項）が達成できない可能性もあり，労使共にリスクといえます。

時季変更権を行使するにあたって留意すべき点は，次のとおりです。

① 企業規模および業種

② 職　務　内　容

③ 繁　忙　度

④ 代替要員の確保状況

⑤ 休暇期間の長さ

　例えば，インフルエンザ患者が多数来院している中小規模の病院において，代替看護師が確保できない状況で長期間の有給休暇を指定された場合については，①〜⑤の留意点をすべて満たしていることから，他の時季に変更するよう促す程度であれば問題ないといえます。

【取得理由の確認は違法か】

　上記の事例では，取得理由を聞き，その理由によって対応を変えています。そうなると取得理由は全く聞けないのかとも考えられますが，そうではありません。

　例えば，年度末に繁忙期を迎える部署で，同じ日に複数の部下から有給休暇の時季指定があった場合を想定しましょう。そこで代替要員を入れたとしても，業務の運営に支障をきたすと判断した場合に，やむを得ず取得理由を聞き，A部下は「新しい人気のゲームソフトを購入しに行くため」という理由に対して，B部下は「親族の葬儀」であった場合は，一般的にはA部下に対して時季変更権を行使することとなるでしょう。

　そのような場合に，取得理由を確認することは問題ありません。

【有給休暇取得に隠れたリスク】

　この事例にもう1つリスクが隠されています。「今月に入り」というキーワードに，何か違和感はありませんか。

　なぜ，今月に入ってからなのか。上司はなぜ先月は気にならなかったのか。この時点では推測となりますが，精神疾患に罹患しているために人目に付きにくい平日の日中に心療内科を受診している可能性も否定できません。彼女と会うことが本人の癒しになっているのかもしれません。また，それが職場内のパワハラ（第4章を参照）が原因ということになると，まったく話が変わってきます。

　では，「そのような状況なら，なぜ上司に相談しないのか。」という会社側の言い分もありますが，そもそも精神疾患に罹患（またはその前兆）している場合は，本人からの積極的な意思表示が期待できないことが多いでしょう。判例上も，会社には安全配慮義務（労働契約法第5条）が課されるために，本人か

らの意思表示がなかったことのみをもって免責とはなりません。有給休暇の取得の頻度が変わった場合は、労働者からの何らかの“サイン”なのかもしれません。特に、旧態依然かつ閉鎖的な組織で、内向的な労働者の場合は、このような「無言のサイン」を送ってくることがあります。

【会議の重要度】

上司の立場として、「そもそも、なぜ以前から予定がわかっている定例の会議の日に有給休暇を取得するのか。」との意見も理解できますが、今まで発言すらしたことがない部下であった場合には、課として当該会議の重要度が下部社員にまで浸透していなかったのではないかという点も見逃せません。よって、本質的な会議とするべく、そもそもの体制を見直すきっかけ（出席者の再選抜や発言機会の付与など）にもなり得ます。

【有給休暇申請が重なることが予想される場合の対応】

2025年の大阪万博や職場の地域内で開催される大規模なイベントにおいては、「同じ時季」に「複数の労働者」が有給休暇の時季指定を行うことも想像できます。高倍率のなかで運よく入手できたチケットにもかかわらず簡単に時季変更権を行使するとなると、法律問題以前に労使間にしこりが残ることでしょう。よって、可能な限り早い時季に労働者の予定を確認するなどの「先手の労務管理」が重要です。

【with コロナでの労務管理】

with コロナの時代においては、コロナへの罹患が確認できない段階で、単に家族に濃厚接触者がいることのみをもって出勤しない旨を命じる場合は、「休業」となります。当然、上司から部下に対して有給休暇の取得を強制することはできません。休業、休日、休暇は、峻別して考える必要があります。

休　業……就労義務があるものの会社が就労させない日

休　暇……就労義務があるものの労働者が権利を行使した結果、就労義務がない日

休　日……就労義務がない日

＜教　訓＞

　例外なく取得理由を聞くこと自体は，直ちに違法ではありません。しかし，特別な理由もなく取得理由によって有給休暇を認めないとする対応は，違法となります。

　2019 年 4 月 1 日より，年 10 日以上有給休暇が付与される場合は，年 5 日の有給取得が義務となります（企業規模を問わず）（労働基準法第 39 条 7 項・8 項）。

＜参考判例・通達＞

○　白石営林署事件（最高裁・昭和 48 年 3 月 2 日）・昭和 63 年基発 150 号・電電公社弘前電報電話局事件（最高裁・昭和 62 年 7 月 10 日）

＜参考 URL＞

○　https://www.jil.go.jp/hanrei/conts/05/42.html

　　（42）【年次有給休暇】年休権の成立｜雇用関係紛争判例集｜労働政策研究・研修機構（JILPT）

○　https://www.jil.go.jp/hanrei/conts/05/44.html

　　（44）【年次有給休暇】年休取得時季の変更と会社の配慮｜雇用関係紛争判例集｜労働政策研究・研修機構（JILPT）

Ⅱ 退職前に一括請求された場合

【失敗事例2】

　3月末日をもって退職の申し出があった従業員から，「残りの有給休暇をすべて消化してから退職したい。」との申し出があった。しかし，我が部署の年度の切り替わりは繁忙期であり，「それには応じられない。後任への引き継ぎもあり，そもそも繁忙期であることは今わかったことではないだろう。」と回答した。

　ところが，従業員は「有給休暇は労働者の権利であり，到底納得できない。」と主張し，噂では労働基準監督署に駆け込んだようである。なお，就業規則に，退職時には後任への引き継ぎを行うことを明記し，かつ，届出および周知もしている。

【注意点】　1　有給休暇の退職時一括請求があった場合の会社側の選択肢

　　　　　　　2　就業規則へ根拠規定がある場合の対応

　　　　　　　3　有給休暇5日取得義務への対応

　退職時のトラブルにおいて，有給休暇の問題は多くの企業で起こっていることでしょう。まず，法律で休暇を取得した際に賃金の支払いを義務付けているのは，有給休暇のみです。例えば，育児・介護休業法（正式には，育児休業，介護休業等育児又は家族介護を行う労働者の福祉に関する法律）で規定する子の看護休暇や介護休暇は，賃金の支払い義務はありません。

　また，「休暇」ではありませんが，類似論点として「育児休業」や「産前産後休業」も，賃金の支払いまでは義務付けられていません。

【なぜこの問題は退職時に起こるのか】

　有給休暇は，退職日を経過してから消化することができません。また，多くの有給休暇が残っているということは，それだけ休まず会社に対して労務を提

供してきた証跡（生産性の高い労務の提供をしていたかは別問題ですが）ともいえます。よって，労働者目線では，「最後くらいは」使わせてほしいという感情にもなります。

【退職時に一括請求された場合の使用者側の選択肢】

使用者側としては，「事業の正常な運営に支障をきたす」場合には「時季変更権」の行使が認められていますが，退職日以後（事例では4月1日以降）に変更することはできません。よって，退職時は通常時よりも狭い日程の範囲で有給休暇を消化しなければならないということです。また，あくまで時季「変更権」であり時季「消滅権」ではありませんので，有給休暇を抹消してしまうこともできません。

そこで，使用者側と労働者側で話し合いの場を設けることになりますが，次のような選択肢があります。

①　通常どおり取得させる

これは，どの程度の申請があったかにもよりますが，申請があった分はすべて取得してもらうことです。しかし，「事業の正常な運営に支障をきたす」日や代替勤務者を確保できないなど突発的かつ長期的な休暇を指定された場合などは，落としどころを探る話し合いをすべきです。

②　退職日の引き延ばし

これは，辞めさせないという意味ではありません。可能な限り使い切れなかった有給休暇を取得してから退職したい労働者と後任への引き継ぎをさせたい使用者側は，そもそも利害が相反する関係にあります。よって，双方の利害が一致する着地点を決め，必要に応じて退職日を引き延ばすという発想です。

今回の事例では，3月末日付での退職を2週間程度引き延ばし，双方合意のうえで4月15日付の退職にしたとします。その場合，月末に在籍していないことから，会社には退職者の4月分の社会保険料の負担はありません。この選択肢を採用する場合は，社会保険料支払いのロジック（例えば間を空けずに次の就職先に転職する場合に，その転職先で4月16日から社会保険に加入するのか）は丁寧に説明しておくべきです。

注意点としては，既に次の就職先および勤務開始日が決まっている場合は，強行して選択すると次の勤務先も当初想定していた労働力が確保できなくなり，トラブルに発展するリスクがあります。

しかし，使用者側には引き延ばした分の賃金支払い（末日前の退職であれば社会保険料負担はなし）は生じるものの，双方の利害が一致しやすい選択肢となります。

③ 休日出勤命令

「休暇」，「休日」の違いを整理しましょう（4ページを参照）。休暇は労働者が権利を行使した結果として，就労義務が免除された日であり，休日はそもそも就労義務がない日です。よって，休日に有給休暇を申請することはできません。

そこで，休日に出勤を命じて業務の引き継ぎなどを命じることは可能です。しかし，この場合は，休日出勤による割増賃金の支払義務が生じます。使用者側としては痛みが大きく，双方にしこりが残る選択肢となります。

④ 買 い 上 げ

端的に，有給休暇の目的は心身のリフレッシュであり，原則として買い上げは違法となります。それは，買い上げを目的に有給休暇の取得を足止めするなどして，本来の目的が達成できない恐れがあるからです。

しかし，次のケースは，直ちに違法とはなりません。

・　退職により消滅することが明らかな有給休暇
・　有給休暇の時効2年を超えて蓄積されている有給休暇
・　法定の有給休暇の上乗せ分
　　＊　フルタイム労働者の有給休暇は，6か月継続勤務し，全労働日の8割以上の出勤率があった場合に10日付与されます。このケースでは，10日を超えて付与された分や会社独自に付与している特別有給休暇などです。

今回の事例では，退職の申し出があり，休日日数を考慮すると理論上取得できない分が発生することもあるでしょう。その分を買い上げたとしても，労働者保護を掲げる労働基準法に反して直ちに違法とはいえません。よって，必要

な引き継ぎ日数を確保するという意味で，買い上げを選択するという発想です。

⑤ 退職金減額

就業規則にも引き継ぎを行う旨を明記し，それにもかかわらず引き継ぎを拒むような「問題社員」対策として，予め退職金を減額する規定を明記しておくということです。基本給や割増賃金は法律で支給が義務付けられていますが，賞与や退職金は，就業規則（または給与規定）の内容にもよりますが，法律上支給が義務付けられているものではありません。よって，会社を守る意味でも，この規定を明記しておくことで，適正な引き継ぎ日数を確保することができます。

しかし，対象範囲があまりにも広範囲に及ぶ規定（例えば1日でも拒んだ場合は全額不支給とする）の場合は，不合理な規定と判断される可能性もあります。また，現時点でそのような規定を設けておらず，新たに規定する場合は「不利益変更」と主張されないように，専門家と連携するなどの慎重な対応が求められます。

【with コロナ時代の労務管理】

終身雇用時代から変革が訪れ，雇用の流動化が促進されています。また，労働統計上も労働力人口の減少は当分の間は続くこととなり，「アルムナイ制度」（退職者の出戻り制度や再雇用制度）を採用する企業も増えています。円満退職，ひいてはまた戻りたい会社という印象を残しておくことは，長期的にも意味のあることです。

> ＜教 訓＞
>
> 有給申請と業務の引き継ぎは利害が一致していないことから，感情的な対応を選択すると問題が大きくなるため，「落としどころ」を探ることが肝要です。そして，複数ある選択肢からメリットとデメリットを可視化しておきましょう。

Ⅲ 申請時季

【失敗事例３】

　繁忙を極める部署で２人の従業員がPCに向かって仕事をしています。

　Ａさんは翌日に備えるため23時頃に切り上げ，Ｂさんは翌日に有給休暇を申請することとしているため，深夜１時頃まで業務を行い，当初の目標どおりの仕事を仕上げて帰りました。

　翌朝，Ａさんは寝坊により遅刻をしてしまい，有給休暇の事後申請をしました。

【注意点】　1　有給休暇の性質

　　　　　　2　そもそも事後申請は認められるのか

　　　　　　3　いつまでに申請すべきか

　　　　　　4　就業規則への記載内容

　まずは，Ｂさんから検証しましょう。この事例からは読み取りづらい部分ですが，今回Ｂさんは半日単位でもなく，また時間単位でもなく，丸１日有給休暇を申請しています。まず，有給休暇の原則は「労働日」となります。つまり，休暇は当日の午前０時から始まるということです。しかし，Ｂさんは深夜１時頃まで仕事をしているということは，午前０時を過ぎても働いていたといわざるを得ません。よって，適正な有給休暇ではありません。

【労働時間が０時を過ぎて働いた場合の対応策】

　翌日が有給休暇の場合は，普段よりも時間を忘れて仕事をし過ぎてしまうことは想像に難くありません。その場合は，例外的に会社独自の特別休暇などをあて，労働基準法上の年次有給休暇を消化させないという対応が考えられます。

【繁忙期における年次有給休暇の労務管理】

　どんなに忙しくても，翌日が有給休暇となっている場合は，労働時間が０時

を過ぎることのないように各部署の管理者へ周知しておくべきです。0時ぎりぎりまで認めてしまうと，突発的な業務が入ってしまった場合に0時を過ぎてしまう可能性もあることから，遅くとも23時までとしておくことが望ましいと考えます。なお，22時を過ぎると深夜帯となることから，通常の賃金に加えて深夜割増（25%）が発生する点もおさえておきましょう。

　また，残業代が発生しないとされる管理監督者であっても，深夜割増については発生する点も重要な論点です。

【事後申請は法的に可能なのか】

　有給休暇は，原則として「労働日」単位となり，労働日とは暦日を指します。有給休暇は，労働者が時季を指定し，その指定された日が事業の正常な運営に支障をきたす場合は，使用者側が時季変更権を行使し，他の労働日に変更することが可能です。

　今回の場合は，翌日の始業時間に遅刻しており，かつ，前日の勤務時間が当日の0時を過ぎており，労務の提供を予定している時間になってもその提供がなされていないという状態です。よって，使用者側としては，時季変更権を行使するか否か正確な判断ができません。いうまでもなく，法的に事後申請が認められる根拠はありません。

　しかし，事後申請を認めてはならないということはありません。実務上は，それぞれの企業の裁量により，事後申請を認めている場合も散見されます。

【事後申請を認めない場合の注意点】

　事後申請を認めない場合の注意点として，有給休暇は労使協定を締結することで5日の範囲内で時間単位の有給休暇が認められています。実務上は，遅刻した場合には，時間単位の有給休暇を当てはめて処理する運用が多く見られます。しかし，時間単位の有給休暇がない場合は，欠勤として処理することとなります。

　欠勤の場合は，労務の提供がなかったためにノーワークノーペイの原則に則り賃金は発生しません。しかし，3回の遅刻でペナルティーとして1日分の賃金を支払わないとする運用は，労務の提供がなかった時間以上の賃金控除が行

11

われていることもあり，その場合は労働基準法第24条（賃金の全額払い）違反となります。

【就業規則にはどのように明記すべきか】

就業規則上，事後申請を認めている場合は，当該就業規則に沿った運用となります。実務上は，就業規則において原則は事前申請であることを明記し，運用していくべきです。

既に事後申請を定めている場合の対応については，あまりにも事後申請が頻発し，事業の正常な運営に支障をきたしているのであれば，労働者の過半数を代表する者への意見聴取後に，事前申請とする就業規則の変更を行うことも選択肢です。

この場合は，就業規則の不利益変更との主張もあり得ますが，そもそも年次有給休暇は暦日を原則としていることから，不利益変更には当てはまらないと考えます。

＜参 考＞

○ 遅刻，早退を30分単位で減給（昭和26年基収4214号）

就業規則中に30分単位の制裁規定を設け，30分に満たない遅刻，早退の時間を常に切り上げる趣旨の規定は，労働基準法第91条の減給の制裁として取り扱われる。

○ 遅刻・早退の時間相当分の減給（昭和63年基発150号）

労働者が遅刻，早退をした場合は，その時間についてはノーワークノーペイの原則により賃金債権が生じない。したがって，労働基準法第91条の減給の制裁には該当しない。

> ＜教 訓＞
>
> 有給休暇の原則は，「暦日」です。その起点は午前0時であり，前日に残業を命じる場合は日付をまたがないように管理すべきです。
>
> 有給休暇の事後申請は，法律上認める根拠はありません。現在の就業規則の規定を見直し，どのような規定になっているのかを確認しましょう。

☕ちょっと休憩

有給・夏季休暇・振替休日がたまっているが、どれから使うべきか

　現在は、年次有給休暇の他に企業独自の休暇（例えば夏季休暇）が整備されていることが多く、他に要件を満たしていることが前提ですが、振替休日もあり、同月内に取得すべき休暇や振替休日がたまっている場合は、どれから使ったほうがよいのかという相談を受けます。

　まずは、法令順守の観点からは、振替休日を優先して取得すべきです。振替休日とは、予め休日とされている日に出勤させる代わりに「同一週内の」他の労働日に休日を設定することで時間外割増賃金や休日割増賃金の発生を防ぐことができます。よって、「同一週内」の労働日に休日を設定することができなければ、時間外割増賃金が発生してしまうことから、優先的に取得すべきです。

　次に、年次有給休暇は、付与された日（2019年4月1日以降からは企業規模を問わず年10日以上付与されている場合）から1年以内に5日取得しなければなりません。よって、残りの期間から逆算して5日取得することに黄色信号が灯っている場合は、優先的に取得すべきです。

　なお、法律上は、割増賃金の不払いについては、労働基準法第119条により6か月以下の懲役または30万円以下の罰金に処せられ、年5日の取得義務違反については、労働基準法第120条により30万円以下の罰金に処せられます。

　最後に、残った夏季休暇などの取得については、多くの企業で取得できる期間が定められていることでしょう。その期間内に権利を行使することで有給休暇の日数が減ることなく、有給休暇と同様の効果を享受できることになります。

　しかし、優先順位として法令順守は無視すべきでなく、企業独自の休暇取得の優先順位を下げるといった対応が望ましいと考えます。企業独自の休暇については、例外的な対応として取得期間を延ばすなどの対応も選択肢です。相談事例では、そのような対応は他の従業員の目もあり選択できないとの声もありましたが、そのような状態が慢性的に発生する場合は、そもそもの制度設計を見直す必要があると考えます。

法令 > 労働協約 > 就業規則 > 労働契約

　法　令………法律，政令，省令

　労働協約……使用者と労働組合との約束

　就業規則……使用者が作成した会社のルール

　労働契約……使用者と労働者個人の契約

　　　＊　左（労働基準法などの法令）が最も拘束力が強いということです。労
　　　　務管理に迷った場合はおさえておきましょう。

　　　（労働基準法13条・92条，労働組合法16条，労働契約法12条・13条）

Ⅳ　有給休暇中の賃金

【失敗事例４】

　アルバイトから正社員へ登用になったＡさん（シフトにより夜勤もあり）が，有給休暇の時効は２年であることから，アルバイト時代に権利を得た有給休暇を正社員となって２か月後に使用した。

　給与明細を見ると思いのほか給与が少なく，疑問を抱き，労務担当者の窓口で説明を求めたところ，「アルバイト時代に権利を得た有給休暇を使った場合は，そのときの契約時間分の賃金支払いとなる。」との説明を受けた。

【注意点】　1　どの有給休暇を使うかは選択できるのか

　　　　　　　2　雇用形態が変わっても権利を得たときの契約内容に則った有給休暇となるのか

　　　　　　　3　深夜に働くこと自体が通常の勤務の場合に有給休暇を請求した場合は，深夜割増はつくのか

　前年度分であるアルバイト当時に得た有給休暇と当年度分である正社員になってから得た有給休暇のどちらを先に取得させるかは，労使間で協議し，就業規則等に定めておくことでトラブルは回避できます。労働者保護に主眼をおいた労働基準法であっても，どちらを先に消化させなければならないという規定はありません。いうまでもなく，先に発生した分を先に消化するという考え方のほうが，労働者にとって時効消滅の影響を受けることも少ないでしょう。

【雇用形態が変更になった場合の有給休暇】

　アルバイト当時に発生した有給休暇を正社員となってから使用した場合は，どのような形で効果が表れるのでしょうか。有給休暇は，発生した時季ではなく，取得した時季の契約内容によります。

今回は，アルバイト当時（多くのケースで時給制）に発生した有給休暇を正社員（多くの場合で月給制）のときに使っても，さすがに時給で計算はしないと考えるのでしょうが，これがアルバイトであることに変わりなく，例えば労働時間が4時間から6時間に変更になったと仮定しましょう。労働時間が4時間のときに発生した有給休暇を労働時間が6時間のときに使用した場合で，かつ，労働時間が6時間となった日以降に有給休暇が付与されていない場合において，1日単位で有給休暇を使った場合に「4時間分」と計算されているケースが散見されます。これは，明らかな間違いであり，発生時点ではなく「取得日時点における契約内容」に沿って計算しなければなりません。

＜参　考＞

○　https://www.mhlw.go.jp/web/t_doc?dataId=00tb1897&dataType=1&pageNo=1

　　労働基準法の一部を改正する法律等の施行について（◆昭和27年09月20日基発第675号）(mhlw.go.jp)

○　民法488条（同種の給付を目的とする数個の債務がある場合の充当）

☕ちょっと休憩

深夜に働く労働者が有給休暇を取得した場合の賃金には，深夜割増がつくか

　有給休暇を使用した場合の賃金は，次の3通りとなり，どれを採用するのかは就業規則等に明記しておかなければなりません。

①　平　均　賃　金

②　所定労働時間労働した場合に支払われる「通常の賃金」

③　健康保険法による標準報酬月額の30分の1に相当する金額（労使協定の締結が必要ですが，所轄労働基準監督署への届出は不要）

　実務上は，②の「通常の賃金」が圧倒的に多く採用されています。まず，「通常の賃金」には，臨時に支払われる賃金（私傷病手当など），割増賃金のように所定労働時間外の労働に対して支払われる賃金は算入されません。

　しかし，「深夜に働くこと自体が通常の労働者」が有給休暇を使用した場合

には，「深夜労働に対する割増賃金」を含んだ賃金を支払わなければなりません。これは，時間外労働は「時間の長さ」に対する割増を義務付けるものですが，深夜労働は「時間帯」に対する割増を義務付けるものと考えられているからです。

■ 第2章

残　　　　　業

■■■■■■■■■■■■■■■■■■■■■■■■■■■■■■■■■■

I　残　　　業

- ・　労 働 時 間
- ・　手待ち時間
- ・　定時を過ぎてから本気モード社員への対応

【失敗事例 5】
　所定労働時間内に居眠りや関係性の薄い仕事をするなど，生産性の高い仕事をしているとはいい難い従業員がおり，終業時刻を過ぎてからデスクで夕食（日によっては軽食）を摂り，活発に働きだすことがたびたび目撃されている。
　上司から働き方の見直しについて話をすると，反省の様子はみせるものの改善までには至らず，ついに給与の総支給額は残業代の影響で課長職の総支給額を超える額となった。

【注意点】　1　労働時間とは
　　　　　　2　休憩時間と手待ち時間の違い
　　　　　　3　残業代の支給

　労働基準法第 32 条には，労働時間についての定めがあり，労働時間とは休

憩時間を除いた拘束時間を指します。そして，実際に労働した時間はもちろん，使用者の指揮命令に入ってからの時間は手待ち時間（21・27ページを参照）も含めて労働時間として取り扱われます。

　また，労働時間は「所定労働時間」と「法定労働時間」に分けられ，所定労働時間とは，就業規則等によって定められた会社の働くべき時間であり，法定労働時間とは，法律によって労働時間の限度として定められている時間（原則1日8時間・週40時間）です。

　本事例では，勤務時間内の居眠りの影響で業務が後ろ倒しになり，残業が発生しているといわざるを得ない従業員への対応が問題となっています。居眠りとは一種の生理現象であり，100％寝ないことは難しいともいえますが，居眠りが頻発してしまうと，業務への影響や他の従業員のモチベーションへの影響も否定できません。

　また，本来は，会社と従業員との間で取り交わしている労働契約において，予定した労務の提供がなされない場合は，遅刻や欠勤と同様に欠勤控除や査定においてマイナスの評価を受けてもやむを得ません。居眠りをする従業員に対して，当該時間の欠勤控除，懲戒処分（戒告や譴責），または居眠りが常態化して仕事にならないようなケースは，普通解雇を検討するところではありますが，注意点として病気を理由に居眠りが起こっている場合は，解雇ではなく休職を命じるなどの対応が妥当です。

　なお，懲戒処分を下す場合には，就業規則に根拠規定があることが前提となります。また，そもそも病気や体調不良の原因が業務量過多により過重労働となっていることにより体調を壊している場合は，居眠りを繰り返す従業員の業務の見直しを進めることが肝要です。

　そして，業務中に夕食（日によっては軽食）を摂る行為は，休憩時間ではないかとの声もありますが，休憩時間とは労働からの解放が保障された時間であり，権利として会社から与えられた時間でなければなりません。

　一方で，労使慣行として，昼間の休憩とは別に労働からの解放が保障された時間として確立しており，それが長期間反復継続し，かつ，労使双方がその慣

行に従うことを排除しておらず，双方の規範意識によって支えられている場合は，労働条件として確立されていることから休憩時間と考えられます。

また，休憩時間については，労働基準法第34条に次のように定められています。

労働時間	休憩時間
6時間まで	与えなくてもよい
6時間を超え8時間まで	少なくとも45分
8時間を超える場合	少なくとも1時間

盲点となりやすい事例として，パートとして働く従業員と労働時間が6時間の労働契約を締結した場合は，6時間までは休憩は与えなくても違法ではありませんが，1分でも残業をした場合には，労働時間の途中に休憩を与えなければ違法となってしまいます。

よって，必ず残業がない場合を除いて，当初の労働契約から休憩を盛り込むことや，万が一残業が発生してしまう場合は，休憩を取る必要があることを確認しておくことが重要です。なお，休憩は，「労働時間の途中」に与えなければなりません。これは，労働時間が終了してから休憩を与えても，実効性が乏しいからといえます。

【手待ち時間】

外見上，何らかの作業を行っていないように見えていても，上司から指示があれば直ちに何らかの作業を行わなければならない状態です。また，作業と作業の間に生じる不活動時間のことを指す場合もあります。原則として，手待ち時間は，労働時間に当たります。

例えば，医師が手術を行い，次の手術までの間の時間は手待ち時間となりますが，労働からの解放が保障された「休憩時間」と扱うには無理があります。

【上司からの面談】

本事例では，上司から従業員へ，居眠りをしていることに対して改善を促すよう面談の機会が持たれています。病気などの理由もなく，単に私生活上での

不規則な生活（例えば深夜までゲームを行う）が原因で居眠りを繰り返しており，かつ，改善の兆候すら見られず将来的に普通解雇とする場合には，面談の機会や改善の機会を付与していたのかは重要な論点となります。

【残業代は支給すべきか】

　本事例のような働き方が常態化している従業員に対して，生産性も高く組織に貢献している従業員よりも高い給与を払い続けるのはいかがなものか，という議論は当然あり得ます。所定労働時間を過ぎてからの捉え方として，「時間外労働」と「滞留時間」があります。

　本来，時間外労働は，上司等から命じて行うものであり，自身の判断で行うものではありません。しかし，時間外労働せざるを得ないほどの膨大な業務量である場合や，明確に指示があったわけではないものの「黙示の指示」として時間外労働を黙認している場合は，労働時間として扱われます。実態として労働時間に当たる場合は「割増賃金」を支払わなければならず，時間外労働には，一部の業種を除き次のように上限規制が設けられています。

　［原則]　月 45 時間　年間 360 時間

　［例外]　臨時的な特別な事情がある場合でも年 720 時間以内，休日労働を含み単月 100 時間未満，複数月（2〜6か月）平均 80 時間以内

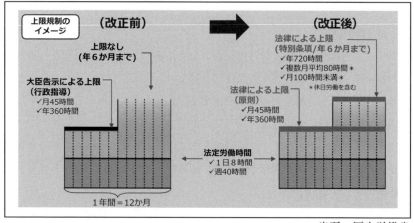

出所：厚生労働省

　現在は，時間外労働に対して法律で明確に上限が設けられていることから，時間外労働を上司への事前許可制にして時間数を管理することで，上司が気づかないうちに時間外労働時間数が蓄積してしまっていたということを防ぐことが可能です。当然，時間外労働を行わざるを得ないような業務量や難易度の高い業務の場合は，事前許可制だけでは本質的な解決には至らず，業務量の見直しや担当者の割り振りなど，他の面にフォーカスして改善していくことが適切です。

　また，滞留時間とは，業務の性質がなく，従業員自身の判断で職場内に残り同僚と談笑することや，業務とは関係のない調べものをする時間帯となります。この時間は労働時間には当たらないことから，賃金の支払いは不要となります。突発的に業務命令が発生し，従業員として何らかの行動を起こすことが余儀なくされる場合は，指揮命令下に置かれていた状況と判断され，労働時間となる可能性があるために，業務終了後は特段の事由がなければ速やかに帰宅するように周知しておくことが重要です。当然，滞留時間であっても，職場への滞在時間が長くなると，仕事と生活のバランスが偏在することや健康問題なども出てきます。

　安全配慮義務（労働契約法第5条）の観点からも，常態的に拘束時間が長い従業員に対しては，会社として従業員の健康を守るためにも，現状の働き方を黙認し続けるわけにはいきません。万が一にも過労により心身に悪影響が及んだ場合には，労災事故として社会的責任を負う可能性がでてきます。そうなると，単に「何度か注意したが，従業員の働き方が悪かった。」で片づけられるほど，簡単な問題ではなくなってきます。

【定時を過ぎてから本気モード社員への対応】

　スーパーフレックスタイム制（コアタイムがないフレックスタイム制）を採用する場合などを除き，会社には働かなければならない時間があり，その時間を過ぎてからさらに働く場合は，別途割り増した賃金を支給しなければならないことがあります。そうなると，当該従業員だけの問題でなく，他の社員が汗水を流して稼いだお金を原資として賃金を支給しなければなりません。

業務量が膨大であった場合等を除き，拘束時間が長時間化することで会社の電気代もかさむことや自身のスキルアップの時間が欠如するなど，労使双方にとって Win-Win の関係とは逆の行動となってしまいます。そして，個の成長がなければ，組織の成長もありません。

　仕事のみでは自身を成長させることはできない，とまではいえませんが，仕事以外の面からも仕事に繋がる成長の機会（例えば資格を取得して仕事の幅を広げる）を見つけることはできます。

＜教　訓＞

　時間外労働が常態化する従業員の場合は，従業員自身に行動を促すだけでは解決に至らないことが多いのが現状です。

　また，滞留時間に対して賃金の支払い義務は生じませんが，「労働時間」に当たる場合は，賃金の支払い義務が生じます。「労働時間」は，「実態」で判断されます。

Ⅱ　前　残　業

・　着替え時間
・　始業前の準備行為
・　労働時間と評価されてしまう労務管理とは

【失敗事例6】

　業務開始前に着替えを完了させ，各々の作業場において始業時間開始と同時に業務が開始できることを就業規則で義務付けている企業において，従業員から「着替えの時間は労働時間に当たることから，終業後の時間と同様に残業代として支給すべきではないか。」との申し出があった。

　「以前から，そのようなことは認めていない。」として申し出を退けた。

【注意点】　1　着替えの時間は労働時間に含まれるのか

　　　　　　　2　準備行為とは

　　　　　　　3　どのような場合に労働時間と判断されるのか

　労働時間とは，端的には「使用者の指揮命令下におかれた時間」と解されます。本事例の争点は，そもそも着替えの時間は労働時間に当たるのかということです。着替えの時間の労働時間制等について争われたリーディング的な判例として，三菱重工業長崎造船所事件（最高裁・平成12年3月9日）があります。造船所において完全週休二日制を実施することとなり，就業規則を変更しました。内容としては，始業時刻と終業時刻の把握をタイムカードから，次のように変更しました。

・　始業時刻に作業が開始できるように，それまでに行為を完了しておくこと
・　午前の終業は所定の終業時刻に作業を中止すること
・　午後の始業は所定の始業時刻に作業を開始できるように，作業場に到着すること

- ・　終業時刻に作業を終了し，終業時刻の後に更衣を行うこと
- ・　勤怠は始業時に更衣を済ませて所定の場所にいるか否か，終業時に作業場にいるか否かを基準とする

　会社は，作業服および防護具の装着を所定の場所で行うことを義務付け，これを怠ると懲戒処分等を受け，賃金減額に繋がる場合があるとされました。よって，従業員は必然的に，着替えは所定労働時間外に行うことを余儀なくされました。そこで従業員は，次の時間を労働基準法上の労働時間に当たると主張し，1日8時間を超え，時間外労働に当たる部分の賃金請求を行いました。

① 　入退場門から更衣所までの移動時間

② 　更衣所で作業服や保護具等を装着し，準備体操場までの移動時間

③ 　始業時刻前の副資材等の受出し，散水に要する時間

④ 　午前の終業時刻後に作業場から食堂まで移動し作業服や保護具等を一部離脱する時間

⑤ 　午後の始業時刻前に食堂から作業場まで移動して，作業服や保護具を再装着する時間

⑥ 　終業時刻後に作業場から更衣所まで移動して，作業服や保護具を脱離する時間

⑦ 　手洗い，洗面，洗身，入浴を行い，通勤服を着用する時間

　これらの時間が労働基準法上の労働時間に当たるか否かは，会社の指揮命令下に置かれたものと評価できるか否かによって客観的に決められ，労働契約，就業規則等の定めにより決められるものではありません。業務に関連する準備行為を従業員が事業所内の所定の場所で行うことを会社が義務付けた，または余儀なくされた場合は，特段の事情がない限り，会社の指揮命令下に置かれたものと評価できます。よって，当該行為に要した時間は，社会通念上必要と認められるものである限り労働基準法上の労働時間となることから，上記の②・③・⑥は労働基準法上の労働時間に当たると判断されました。本判例からの学びとして，会社が始業時刻前に朝礼等への出席や，事業所内の所定場所での着替えの義務付けは，指揮命令下に置かれた時間（労働時間）と解され，場合に

よっては割増賃金の支払いが求められるということです。

　しかし，着替えは，従業員同士の談笑と並行して行われることも珍しくなく，始業開始後の時間と比較して労働密度は薄い場合が多いでしょう。また，ビジネスパーソンであれば，自宅でスーツに着替える時間はむしろ社会人として当たり前の準備行為といえます。しかし，当該従業員はビジネスパーソンと異なり，会社指定の場所で所定の作業着や防護服に着替える必要があり，必ず 10 分前に出社し，着替えを済ませて各々の作業場で業務を開始できるようにしておくことを義務付けてしまうと，会社の指揮命令が介在することから労働時間と解されます。また，着替え時間は人によっても速さは異なり，着替えが遅い人に多くの給与を払うのはいかがなものかということにもなります。

　そこで，5 分または 10 分程度を一律に労働時間に組み込むという労務管理もあります。その際の留意点として，イレギュラー時（例えばクラスターが発生し，重曹な防護具を着用する）には，従前と異なった対応をしているかが問われます。結論としては，始業開始前の着替え等の「義務付け」をするのではなく，「社会人として 10 分前行動を心掛けましょう」程度であれば義務付けとはいえないことから，労働時間には当たりません。

【準備行為とは】

　着替えや業務に必要な物の準備などが該当します。準備行為は，それが義務付けられている場合や，余儀なくされている場合は，特段の事情がない限り労働時間と解されます。争いが生じたときに義務付けがあったのか，またはその程度，必要度などから個別具体的に判断されます。

【どのような場合に労働時間と判断されるのか】

①　手待ち時間

　実際には作業に従事していない時間であるものの，指示があれば直ちに作業を開始しなければならない時間を手待ち時間と呼びます。いうまでもなく，その時点では実作業に従事していなくとも指示があれば直ちに作業を開始することが求められることから，会社の指揮命令下に置かれた時間と解されます。よって，手待ち時間は，労働基準法上の労働時間となります。

実質的には休憩時間と同じではないかとの意見もありますが，労働基準法上の休憩時間とは労働からの解放が保障された時間であり，必要時に業務を開始することが求められる手待ち時間とは性質が異なります。

② 昼休み中の来客対応

昼休みの休憩中に，昼食と並行して窓口の来客や電話当番を行わせる場合が散見されます。

休憩時間とは，労働からの解放が保障された時間であるからといって，来客があった場合や電話が鳴った場合に休憩中だから対応しないとすることは困難であることから，当該時間中は労働時間と評価される可能性が極めて高くなります。業種によっては，昼休みの時間中も来客や電話当番が必要な場合は，休憩の時間帯を分けることで違法状態を回避することができます。

③ 通 勤 時 間

対面での労務提供の場合は，従業員は通勤を経て労務の提供が可能となります。すなわち，通勤する時間は，労働力を提供する準備段階であり，使用者の指揮命令下に入る前の段階です。よって，労働時間には該当しません。しかし，例外的に，業務に関連する高額な物品を監視しながら持ち運び，通勤を命じる場合は，労働時間と評価される可能性があります。

④ 研修、勉強会

所定労働時間外に行われる研修や勉強会へ参加した時間は，出席の強制がないこと，出席しなかったことによる不利益取扱いがないこと，業務に支障がないものであれば，研修や勉強会に出席した時間は労働時間に当たりません。しかし，次に当てはまる場合は，指揮命令下におかれたものと考えられ，労働時間と評価される可能性が高くなりますので，注意が必要です。

・ 研修等への参加を義務付けている場合
・ 研修等へ不参加の場合には不利益取扱いがある場合
・ 参加しなければ業務を遂行するにあたって困難が生じる場合
・ 業務と密接に関わっており，事実上参加せざるを得ない場合

＜**教　訓**＞

　労働時間に該当するか否かは，就業規則等の定めによって決まるもので
はなく，客観的に見て従業員の行為が会社の指揮命令下にあるか否か実態
を見て判断されます。

Ⅲ 落とし穴と記録の残し方

- 通常のオフィスワーク
- テレワーク
- 残業許可制
- 裁量労働制
- 事業場外みなし制
- フレックスタイム制

【失敗事例 7】

　タイムカードの他に労働時間を把握する方法がない企業において，タイムカードの打刻時間をもとに残業代を請求されたが，応じなかった。

【注意点】 1　タイムカードしか労働時間を把握する方法がない場合

　　　　　　2　他の働き方を選択する場合の留意点

　　　　　　3　コロナ時代における労働時間の把握

　必ずしもタイムカードの打刻時間を労働時間として，残業代を支払わなければならないということではありません。本来，具体的な業務内容や業務にかかる所要時間が重要であり，タイムカードがあるからという理由で安易に労働時間として算出することが適切とはいえません。しかし，タイムカードの他に労働時間を把握する方法がない場合は，タイムカードの打刻時間が労働時間と推認される場合があります。

【テレワーク】

　テレワークとは，大きく分けて３つの形態があります。

- 自宅（従業員の自宅）
- サテライトオフィス（本社等から離れた場所に設置されたワークスペース）

・　モバイル勤務（従業員が自由に働く場所を選ぶ）

　いずれも離れた空間で労務の提供を受けることから，どのような働き方をしているのかや，労働時間の把握は，従業員からの申告に委ねざるを得ません。当然，テレワークであっても労働時間の把握義務から解き放たれるわけではありません。また，周りの目もないことや私生活と仕事が混在する面も否定できないことから，対面での労務提供よりも長時間労働になってしまうことも指摘されています。よって，対面業務よりも労働時間に対する意識を持たせるような労務管理を行うことが重要です。

　また，テレワークのメリットとして，対面業務と比較して子育てをしながらの仕事も容易である点です。だからといって，深夜帯（22時から翌朝5時）に働いてしまうと深夜の割増賃金の支払い義務が発生することから，許可なく深夜に働くことがないように周知しておくことが肝要です。

　一方で，特に在宅勤務で労務の提供を受ける場合は，物理的な面としてPCのスペックが悪い，長時間勤務に耐えうる椅子やデスクがない，自宅のインターネット回線が遅いなどの理由により，対面時よりも十分な労務の提供が見込めないことがあります。これらの要因により，想定する生産性低下の許容度を超えていると判断した会社が一定の費用を支給する場合があります。しかし，事務の煩雑さを回避するために在宅勤務「手当」として一定額で手当を支給する場合は，割増賃金の基礎単価から除くことができる賃金として定められていません。よって，割増賃金を算出する基礎単価に在宅勤務手当も含まれることから，単純に在宅勤務手当のみの人件費増加とはなりません。

【残業許可制】

　対面業務であっても重要な論点となります。本来，時間外労働は，会社が命じて行うものであり，時間外労働をしなければ到底終わらないような業務を抱えている等の特段の理由がある場合を除き，従業員の裁量で行うものではありません。よって，残業許可制を採用しておくことで，働き過ぎによる健康被害を防止することもできます。

　また，時間外労働の上限規制は，法律によって規定され，罰則も設けられた

ことから，残業許可制を採用することで法令順守にも寄与するものと考えます。しかし，仕事が遅い，同じ失敗をするなどの理由で実態として使用者の指揮命令下にあり，労働時間であるにもかかわらず残業申請を否決する場合は，将来的に大きな問題（労働時間を否決した時間が，実態としては労働時間として認定され，賃金の支払対象となるなど）に発展することがあります。

【裁量労働制】

裁量労働制とは，実際に労働した時間にかかわらず，一定の時間を労働したものとみなす制度であり，時間配分などについて使用者が具体的に指示することが難しく，労働者の裁量に大幅に委ねる必要がある業務に従事する場合に適用されます。具体的には，次の2つの制度があります。

・　専門業務型裁量労働制
・　企画業務型裁量労働制

専門業務型裁量労働制の場合は，厚生労働省令等によって19の業務が定められており，具体的にはデザイナーやシステムエンジニアなどが当たります。よって，そもそも対象となっていない業務には採用することができませんので，注意が必要です。また，採用したとしても，休憩，休日，深夜の規制から解き放たれるわけではありません。よって，例えば業務が深夜に及んだ場合は，深夜の割増賃金を支給する義務が生じるということです。

企画業務型裁量労働制については，事業の運営に関する事項についての企画，立案，調査及び分析の業務に限り採用できます。また，採用するにあたっては，労使委員会の5分の4以上の多数により決議する必要があります。また，専門業務型裁量労働制と同様に，休憩，休日，深夜の規制から解き放たれるわけではありません。よって，業務が深夜に及んだ場合は，深夜の割増賃金を支給する義務が生じるということです。

ある企業の所定労働時間が8時間である場合においては，業務量が少ない日であっても4時間で帰宅することは認められていません。しかし，上記2つの制度においては，「裁量」と定義されているとおり，始業及び終業時刻を労働者自身が決定することが可能です。

【事業場外みなし制】

　事業場外みなし制とは，労働者の労働時間の全部または一部について事業場外で業務に従事した場合において，労働時間を算定し難いときは所定労働時間を労働したものとみなすとしています。端的には，使用者の指揮監督が及ぶ場合（例えば携帯電話等で使用者の指示を受けながら業務を行う）は，適用されません。

　また，労働時間の算定にあたっては，事業場内で一部業務を行った場合には事業場内での労働時間も含めてその日に所定労働時間労働したものとみなします。事業場外みなし制を採用する場合であっても，休憩，休日，深夜に関する規制から解き放たれるわけではありません。

【フレックスタイム制】

　2019 年 4 月 1 日施行の改正労働基準法により，これまで 1 か月単位であったフレックスタイム制が 3 か月まで延長することが可能となりました。フレックスタイム制は，始業及び就業の時間を労働者の選択に委ねる制度であり，毎日の労働時間を労働者自身で運用できる制度です。

　従事した結果で 1 か月の労働時間を集計し，定められている総労働時間を上回っていればその分の割増賃金が発生し，下回っていればその分の賃金が控除される（控除せず，次の月に下回った分を多く働くことも可能）仕組みとなっています。また，3 か月単位の場合は，1 か月単位よりも精算期間が長く，柔軟な制度設計が可能となりました。

＜教　訓＞

　労働時間であることの立証は労働者，労働時間でないことの立証は使用者が行う必要があります。

　また，労働時間の把握は自己申告制にならざるを得ないような特別な場合を除き，客観的な方法で行うことが求められます。

Ⅳ 残業代の計算方法

- ・ 割増率の計算
- ・ 就業規則の整備
- ・ 副業・兼業者の場合

【失敗事例 8】

　頻繁に，午前中に有給休暇を取得し，午後から出社してくる従業員がおり，その日には決まって残業をしている。

　残業代の請求があったことから，支払っている。

【注意点】 1　午前中に有給休暇を取得して残業した場合の残業代の支払いは必要か

　　　　　 2　割増率の最低基準とは

　　　　　 3　副業・兼業者の残業代

　本事例のように，半日有給休暇を取得して午後から出社する場合は，残業代の支払いは必要なのかを確認します。結論としては，就業規則の内容によって異なります。

　行政解釈上では，時間外労働として残業代の支払いが義務付けられるのは，法定労働時間（原則 1 日 8 時間・週 40 時間）を超えて労働させた場合となります。労働時間がその日 1 日において 8 時間以内の場合には，割増賃金の支給は要しません（昭和 22.12.26 基発第 573 号，昭和 33.2.13 基発第 90 号）。よって，遅刻したかどうかが問題ではなく，現実にその日に何時間働いたのかが問題になります。

　例えば，午前中 3 時間有給休暇を取得（または有給休暇を取得せず単なる遅刻）し，その日 3 時間残業したとしてもその日の実労働時間が 8 時間を超えていなければ残業代の支払い義務は生じません。一方，3 時間の有給休暇（また

は遅刻）で 4 時間の残業をして実労働時間が 9 時間となった場合は，法定労働時間を超えた 1 時間分の残業代の支払い義務が生じます。しかし，就業規則に「終業時刻後の労働に対して残業代を支払う。」との定めとなっている場合には，残業代の支払いが必要となります。

　2019 年 4 月 1 日に企業規模を問わず施行された，年次有給休暇の 5 日時季指定義務への対応として，半日単位の有給休暇は 5 日から控除することができる（時間単位有給休暇は対象となりません）ために，今後も半日単位の有給休暇の取得は増える可能性が高いことから，午前中に有給休暇を取得した場合の残業代の考え方は，予め社員へ周知しておくことがトラブル防止の観点からも重要です。

[割増率の計算]

割増賃金は 3 種類

種　　類	支払う条件	割増率
時　間　外 （時間外手当・残業手当）	法定労働時間（1 日 8 時間・週 40 時間）を超えたとき	25％以上
	時間外労働が限度時間（1 か月 45 時間、1 年 360 時間等）を超えたとき	25％以上 （※1）
	時間外労働が 1 か月 60 時間を超えたとき（※2）	50％以上 （※2）
休　　日 （休日手当）	法定休日（週 1 日）に勤務させたとき	35％以上
深　　夜 （深夜手当）	22 時から 5 時までの間に勤務させたとき	25％以上

（※1）25％を超える率とするよう努めることが必要です。
（※2）中小企業については、2023 年 4 月 1 日から適用となります。

1 時間当たりの賃金を計算

例　基本給235,000円、精皆勤手当8,000円、家族手当20,000、通勤手当15,000円
　　年間所定休日122日、1 日の所定労働時間が 8 時間の場合

$$\frac{\overset{\text{1年間の所定出勤日数}}{(365-122)} \times \overset{\text{1日の所定労働時間}}{8}}{12} = 162 \cdots\cdots\text{1年間における1か月平均所定労働時間}$$

$$\overset{\text{基本給＋精皆勤手当}}{243,000} \div \overset{\text{1年間における1か月平均所定労働時間}}{162} = 1,500円 \cdots\cdots\text{1時間あたりの賃金}$$

出所：厚生労働省

【就業規則の整備】

　就業規則上で，既に「終業時刻後の労働に対して残業代を支払う。」との定めとなっている場合は，就業規則の変更の議論が生じます。労働者目線では賃金の減額であり，労働条件の不利益変更に当たりますが，そもそも時間外労働を命じるか否かは会社側に裁量があり，時間外をしなければ到底終わらないほどの業務量等，特段の事由がない場合は，従業員の判断で行うものではありません。そして，実質的にも労働時間の延長もないことから，就業規則変更に伴う不利益の程度は小さいと考えられますが，専門家に相談をするなどしてリスクをヘッジしておくことが肝要です。

　また，参考判例として羽後銀行事件（最高裁・平成 12 年 9 月 12 日）では，時間外労働は使用者が命じた場合等に行われるものであり，時間外労働の命令には使用者の裁量の余地があることから，時間外労働は当然に行われるものではないと判示されています。

【副業・兼業者の場合】

　労働基準法第 38 条 1 項において「労働時間は，事業場を異にする場合においても，労働時間に関する規定の適用については通算する。」と規定されており，「事業場を異にする場合」とは，事業主を異にする場合も含む（昭和 23 年基発第 769 号）とされています。よって，本業先と副業先では，労働時間を通算する必要があるということです。

　しかし，労働基準法上で労働時間に関する規定が適用除外になる場合は，通算規定の適用はありません。例えば，本業先は一般の会社員であるものの，副業はフリーランサーのような場合においては，後者は雇用関係にない働き方であるため，通算規定の適用はありません。そして，労働時間を通算した結果として法定労働時間を超えた場合に，本業先と副業先のどちらが割増賃金の支払い義務を負うのかについては，行政上の考え方は，原則として労働契約を後から契約した使用者側が負担するということです。これは，後契約者は，雇入れの段階で先契約者の下での労働を確認することができ，それを前提に労働契約を締結すべきという考え方です。

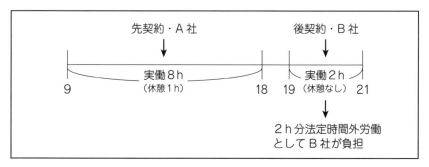

　副業・兼業者に対する労務管理上の問題点として，労働時間の把握があげられます。当然，従業員の協力なしでは労働時間を把握することは極めて困難であり，自己申告制を採用するケースが一般的です。

　また，他の問題点として健康確保があります。本業において，業務に支障が出ないように一定の制限を設ける場合があります。割増賃金の負担問題以前に，健康状態を保つことは生産性のある働き方を継続する前提条件となり，先に契約した使用者ゆえに割増賃金の負担義務を負わない場合でも，安全配慮義務から解き放たれるわけではありません。

＜教　訓＞

　残業代は，実際に働いた時間で，かつ，法定労働時間を超えた部分に対して割増賃金の負担義務が生じます。

　しかし，就業規則上，「終業時刻以降」の労働に対して割増賃金を支払う旨の規定が整備されている場合は，就業時刻以降の労働に対して割増賃金を支払うこととなります。

■ 第3章

給　　　　　与

Ⅰ 賃金支払いの5原則

- ・　締め日との関係
- ・　未払い分が発覚した場合
- ・　過払い分が発覚した場合

【失敗事例 9】

　相談窓口を訪れた従業員からの指摘で，残業代の未払い分が発覚した。

　当社の毎月の給与計算業務の作業方法は，手入力と自動集計の2通りに業務が分かれている。

【注意点】　1　自動集計の落とし穴

　　　　　　2　給与計算で誤りが起こる原因

　　　　　　3　未払賃金発覚時の対応

　正規職員と非正規職員で，締め日と支払日が異なる場合があります。例えば，正規職員が当月末日締め当月25日予定払いで，非正規職員が当月末日締め翌月25日実績払いとしている場合は，混同することのないように注意しなければなりません。

【給与計算は確認が最重要】

　近年の給与計算ソフトの発展は目ざましく，多くの作業が手作業から自動集計に移行しています。当然，作業の効率化は進み，給与計算業務に占めるトータルでの時間も少なくなっています。今回の失敗事例は，残業代の未払いです。残業代の未払いに至った原因は，複数存在しますので，考えられる原因をあげてみましょう。

① 集計した時間数が少ない
② 単価計算が誤っている
③ 管理監督者に該当しないのに残業代を支給していない
④ 自動集計の設定方法が誤っているなどの機械の操作（その後の反映も含む）誤り
⑤ そもそも残業が申請されていない

　他にも大なり小なりの原因はありますが，これらが代表例として想定されます。順番に確認していきます。

① 集計した時間数が少ない

　残業時間の計算については，原則として1分単位で行わなければなりません。しかし，1か月の期間においては，30分未満の残業時間である場合には端数処理として30分未満を切り捨てて，30分以上の残業時間である場合には1時間に繰り上げて計算することは，常に従業員に不利になるとは限らず，事務的簡便を目的としたものとして違法とはなりません。

　この原則に則って業務が行われていた場合は，従業員から指摘があった時点では誤りでない可能性もありますので，確認をする必要があります。単純な集計誤りの場合は未払賃金となり，再計算後に支給しなければなりません。

② 単価計算が誤っている

　労働基準法上の残業代の単価計算は，年によって休日が変動することもあり，新年度（事業所によっては新年）に入るタイミングで必ず確認をしなければなりません。また，残業代の計算にあたっては，基本給に含めなければならない手当を含めていなかったという事例も多くあります。特に with コロナ時代の

労務管理にあっては，旧来と比して在宅での仕事の頻度が増えたことによる従業員の負担が無視できなくなり，「在宅勤務手当」を創設する企業が増えています。残業代の計算の際に除外することができる手当は，通勤手当など一部の手当（42ページを参照）にとどまります。よって，長期間経過したのちに発覚した場合は，問題も大きくなってしまいます。

　次の手当は労働とは直接的な関係が薄く，個人的事情に基づいて支給されることから，残業代計算をする際の基礎となる手当から除外することができます。

- 　家　族　手　当
- 　通　勤　手　当
- 　別　居　手　当
- 　子女教育手当
- 　住　宅　手　当
- 　臨時に支払われた賃金
- 　1か月を超える期間ごとに支払われる賃金

　上記の手当は例示ではなく限定列挙であり，これらに該当しない手当は残業代計算の基礎となる手当に含めなければなりません。また，形式的には上記の名称を用いて手当を支給している場合でも，次表のケースは残業代計算の基礎となる手当に含めなければならない場合があります。

除外できる手当の具体的範囲

　表面の①～⑤の手当については、このような名称の手当であれば、全て割増賃金の基礎となる賃金から除外できるというわけではありません。

　家族手当、通勤手当、住宅手当について、除外できる手当の具体的範囲は、下表のとおりです。

① 家族手当

　割増賃金の基礎から除外できる家族手当とは、**扶養家族の人数またはこれを基礎とする家族手当額を基準として算出した手当**をいいます。

具体例	除外できる例	扶養家族のある労働者に対し、家族の人数に応じて支給するもの。 （例）扶養義務のある家族１人につき、１か月当たり配偶者１万円、その他の家族５千円を支給する場合。
	除外できない例	扶養家族の有無、家族の人数に関係なく一律に支給するもの。 （例）扶養家族の人数に関係なく、一律１か月１万５千円を支給する場合。

② 通勤手当

　割増賃金の基礎から除外できる通勤手当とは、**通勤距離または通勤に要する実際費用に応じて算定される手当**をいいます。

具体例	除外できる例	通勤に要した費用に応じて支給するもの。 （例）６か月定期券の金額に応じた費用を支給する場合。
	除外できない例	通勤に要した費用や通勤距離に関係なく一律に支給するもの。 （例）実際の通勤距離にかかわらず１日300円を支給する場合。

③ 住宅手当

　割増賃金の基礎から除外できる住宅手当とは、**住宅に要する費用に応じて算定される手当**をいいます。

具体例	除外できる例	住宅に要する費用に定率を乗じた額を支給するもの。 （例）賃貸住宅居住者には家賃の一定割合、持家居住者にはローン月額の一定割合を支給する場合。
	除外できない例	住宅の形態ごとに一律に定額で支給するもの。 （例）賃貸住宅居住者には２万円、持家居住者には１万円を支給する場合。

◆ご不明な点は、最寄りの都道府県労働局、労働基準監督署にお問い合わせください。

出所：厚生労働省

42

［残業代の計算式］

①　１時間当たりの賃金額を求める

月給制の場合も１時間あたりの賃金に換算してから計算します。

月給÷１年間における１か月平均所定労働時間

ここでいう「月給」には次のものは含まれません。

- 家族手当・扶養手当・子女教育手当（※）
- 通勤手当（※）
- 別居手当・単身赴任手当
- 住宅手当（※）
- 臨時の手当（結婚手当、出産手当、大入り袋など）

※家族数、交通費・距離や家賃に比例して支給するもの。一律支給の場合は月給に含めます。

例　基本給235,000円、精皆勤手当8,000円、家族手当20,000、通勤手当15,000円

年間所定休日122日、１日の所定労働時間が８時間の場合

$$\frac{(365-122) \times 8}{12} = 162 \cdots\cdots \text{１年間における１か月平均所定労働時間}$$

（１年間の所定出勤日数　１日の所定労働時間）

基本給＋精皆勤手当　　１年間における１か月平均所定労働時間

$$243,000 \div 162 = 1,500円 \cdots\cdots \text{１時間あたりの賃金}$$

②　割増率を乗じる

（割増賃金の種類と割増率）

種　類	支払う条件	割増率
時　間　外 （時間外手当・残業手当）	法定労働時間（1日8時間・週40時間）を超えたとき	25％以上
	時間外労働が限度時間（1か月45時間、1年360時間等）を超えたとき	25％以上 （※1）
	時間外労働が1か月60時間を超えたとき（※2）	50％以上 （※2）
休　日 （休日手当）	法定休日（週1日）に勤務させたとき	35％以上
深　夜 （深夜手当）	22時から5時までの間に勤務させたとき	25％以上

（※1）25％を超える率とするよう努めることが必要です。
（※2）中小企業については、2023年4月1日から適用となります。

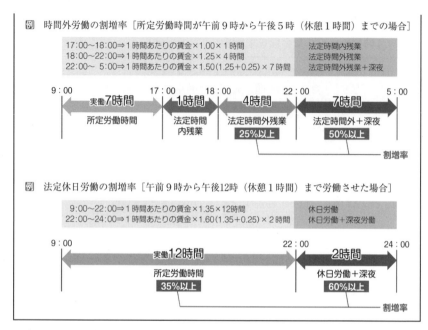

例　時間外労働の割増率［所定労働時間が午前9時から午後5時（休憩1時間）までの場合］

17:00～18:00⇒1時間あたりの賃金×1.00×1時間	法定時間内残業
18:00～22:00⇒1時間あたりの賃金×1.25×4時間	法定時間外残業
22:00～　5:00⇒1時間あたりの賃金×1.50(1.25＋0.25)×7時間	法定時間外残業＋深夜

例　法定休日労働の割増率［午前9時から午後12時（休憩1時間）まで労働させた場合］

| 9:00～22:00⇒1時間あたりの賃金×1.35×12時間 | 休日労働 |
| 22:00～24:00⇒1時間あたりの賃金×1.60(1.35＋0.25)×2時間 | 休日労働＋深夜労働 |

（月60時間を超える残業は割増率が引き上げられる）

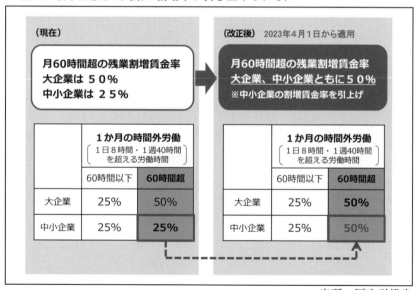

出所：厚生労働省

44

③　管理監督者に該当しないのに残業代を支給していない

　労働基準法上の管理監督者に該当する場合は，時間外割増，休日割増を支払わなくとも違法ではありません。しかし，管理監督者に該当するか否かは，形式的ではなく実質的に判断されます。就業規則上で管理監督者と定めていても，その地位に相応しい賃金が支払われていること，従業員の採用や人事権の行使が可能であること，出退勤が本人の裁量に委ねられていることなどの条件を満たしている必要があります。

④　自動集計の設定方法が誤っているなどの機械の操作（その後の反映も含む）誤り

　給与システムにおける自動集計は，多くの場合，人の手を介して給与計算を行うよりも正確な計算が可能であることはいうまでもありません。しかし，給与計算システムにすべてを任せているそもそもの設定が誤っている場合や，設定の変更が必要であるにもかかわらず変更せずに計算処理を流した場合，計算処理の前工程まで進めたものの従業員個人の給与明細に反映できていない場合などが発生します。これを防ぐ意味で，自動計算であっても少なくとも1回は，人の手を介して設定を含めて適切な計算が行われているかどうかを確認すべきです。

⑤　そもそも残業が申請されていない

　単なる残業の申請忘れであれば給与計算担当者の落ち度も小さいと考えがちですが，本来は労働基準法第24条（賃金の全額払いの原則）の観点からも未払賃金となります。そして，申請忘れが恒常的に続くような状態は黙認すべきではありませんし，恒常的に申請忘れが続く場合には従業員側の原因（体の不調，残業上限規制遵守のための不当な圧力など）を調査すべきです。

【未払賃金発覚時の対応】

　未払賃金が発覚した場合は，まずは再計算をして未払賃金額がどの程度になるかを確認します。法的には，未払賃金には，遅延損害金や遅延利息が発生します。それは，在職中の従業員か，または退職者であるかによって異なった率が用いられます。

<在職中の従業員の場合>

　2020年4月1日の民法改正に伴い，商法第514条は削除され，民法第404条の3％が適用されます。2020年3月31日までは年6％の遅延損害金（学校法人など営利目的でない事業者については適用されないことから，民法第404条の法定利率として3％の遅延損害金が適用）が適用（商法第514条）されていました。

<退職者の場合>

　退職日（退職日後に支払い期日が到来する賃金は当該支払期日）の翌日以降は，年14.6％の遅延利息が適用されます（賃金の支払の確保等に関する法律第6条）。退職者の場合は，在職中の従業員とは異なり，業種によって異なった率が用いられることはありません。しかし，天災地変その他やむを得ない事由による場合は，その事由が存在する期間は遅延利息の適用はされません。なお，退職手当は遅延利息の対象外となっていることから，民法第404条の3％が適用されます。

　遅延損害金や遅延利息は，残業代の未払いがある以上，労働者側の正当な権利です。これらは，本来支払われるべき期日に予定していた賃金が支払われず，生活に支障（例えば生活費の支払いができない）をきたすことから，その損害を請求するということです。しかし，実務上は，遅延損害金や遅延利息が支払われることは多くはありません。そもそも労働者が知らないケースや会社がカットを申し出てくることが多く，労働者としても遅延損害金や遅延利息に固執して肝心の残業代が早期に払われないデメリットのほうが大きいと感じるからです。

　よって，未払いが発覚した場合は，金額の大小にもよりますが，即日給与口座に振り込むことや，次月の給与支給時に追給することが一般的です。

【過払賃金発覚時の対応】

　給与計算を終え各従業員の給与口座へ給与の送金を終えた頃，給与の過払いが発覚したというケースを想定します。この場合は，使用者から労働者へ不当利得返還請求権が生じます。実務上は，在職中の労働者であれば，次月の給与

支払い時に調整することになります。しかし，その場合，労働基準法第24条（賃金全額払いの原則）との関係は，どのように整理すればよいかについて，以下の判例を参考にします。

賃金の全額払いの原則（福島県教組事件：最高裁・昭和44年12月18日）

　適正な賃金の額を支払うための手段たる相殺は，労働基準法第24条1項ただし書によって除外される場合にあたらなくても，その行為の時期，方法，金額等からみて労働者の経済生活の安定との関係上不当と認められないものであれば，同項の禁止するところではない。

賃金の全額払いの原則（日清製鋼事件：最高裁・平成2年11月26日）

　労働基準法第24条1項本文の定めるいわゆる賃金全額払の原則の趣旨とするところは，使用者が一方的に賃金を控除することを禁止し，もって労働者に賃金の全額を確実に受領させ，労働者の経済生活を脅かすことのないようにしてその保護を図ろうとするものというべきであるから，使用者が労働者に対して有する債権をもって労働者の賃金債権と相殺することを禁止する趣旨をも包含するものであるが，労働者がその自由な意思に基づき当該相殺に同意した場合においては，当該同意が労働者の自由な意思に基づいてされたものであると認めるに足りる合理的な理由が客観的に存在するときは当該同意を得てした相殺は当該規定に違反するものとはいえないものと解するのが相当である。

＜教　訓＞

　給与計算は，給与計算ソフトでの作業であっても，1人または（可能であれば）複数名で確認し，設定も含めて適正な計算がなされているかを精査するのが適切です。

　また，未払いや過払いが発覚した場合は，早期に対応することも重要です。

Ⅱ 労働者が死亡した場合の対応

・　親族がいる場合

・　親族がいない場合

・　会社としてリスクの少ない対応とは

【失敗事例 10】
　社内の女性従業員が私傷病により死亡した。その従業員には未払いの給与があり，内縁の夫であると申し出のあった者に対して，銀行振込をして給与の支払いをした。
【注意点】　1　所得税と相続財産の境界線
　　　　　　2　相続人の確認方法
　　　　　　3　就業規則整備の重要性

　社内の労働者が死亡する事態は通常は多くありませんが，万が一起きてしまった場合にも，給与計算は止めることはできませんので確認しましょう。

　まずは，所得税の関係です。給与については，死亡後に支払う給与ではあるものの死亡した労働者の労働の対価として支払われます。しかし「死亡後に支給期が到来するもの」については，所得税を徴収する必要はありません。例えば 8 月 15 日に死亡した場合を想定すると，締め日と支払日の関係で 7 月 1 日から 7 月末日までの分を 8 月 25 日に支払う場合と，8 月 1 日から 8 月 15 日までの分を 9 月 25 日に支払う場合のいずれも死亡日後に支給期が到来することから，所得税は課税されず「相続財産」として扱われます。

　なお，資金繰りなど会社側の都合で支払いが遅れてしまった場合は，死亡日の 8 月 15 日より後に支払われた給与であっても，本来の支給期が死亡日前（例えば 7 月 25 日）であった場合は，通常の給与所得として取り扱います。

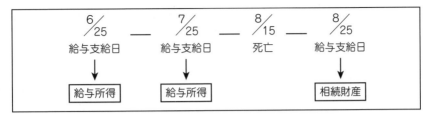

【源泉徴収票の交付】

　給与の支払者は，給与の支払いを受ける者に対して給与所得の源泉徴収票を作成し，交付しなければなりません。本事例のように本来給与の支払いを受ける者が死亡した場合には，相続人が準確定申告（亡くなった方の確定申告を相続人が行う）を行うこととなるため，被相続人（亡くなった方）に源泉徴収票を交付しなければなりません。源泉徴収票には，「死亡退職」の欄に「○」を表示しなければなりません。また，死亡後に支給期が到来する給与は相続財産となり，通勤手当（電車やバスを利用して通勤する場合は月額15万円まで）のように，所得税は非課税であることから，支払金額欄には死亡前に支払いが確定している給与の合計額を記載しなければなりません。準確定申告は，死亡後4か月以内です。

【相続人がいる場合】

　相続人については民法第887条等に規定がありますが，遺産相続人の範囲は，次のとおりです。

① 配 偶 者

② 子

③ 直系尊属（父母，祖父母）

④ 兄 弟 姉 妹

労働基準法第23条では，次の規定があります。

① 使用者は，労働者の死亡または退職の場合において，権利者の請求があった場合においては7日以内に賃金を支払い，積立金，保証金，貯蓄金その他名称の如何を問わず，労働者の権利に属する金品を返還しなければならない。

② ①の賃金または金品に関して争いがある場合においては，使用者は，異議のない部分を7日以内に支払い，または返還しなければならない。

* 「請求があった場合」であることから，特段請求がない場合には，通常の給与支給日に支払うことでも問題ありません。

＜参　考＞

○　賃金の所定支払日と7日以内（昭和23年基発464号）

賃金の所定支払日が労働者の賃金の支払いの請求があってから7日より前の場合には，所定の支払日までには，賃金を支払わなければならない。

権利者とは，死亡の場合は相続人と解されます。実務上の重要な点は，相続人であることを戸籍謄本等で証明してもらい，確認後に支払うことが原則です。必要書類が示されず確認が取れない場合は，後でトラブルに発展するリスクがあり，支払うべきではありません。例えば，偽りの相続人や相続人であることを装い，遠い親戚が現れて給与を支払ってしまった場合には，本来の相続人との間でトラブルに発展するリスクがあります。

【相続人がいない場合】

万が一，相続人が確認できない場合は，実務上あまり多くはありませんが，供託所へ供託するという選択肢もあります。

死亡した従業員に退職金が支払われる場合は，まずは民法上の相続人となり，また，死亡した従業員の配偶者は常に相続人となります。配偶者以外の遺族は，次の順で配偶者と一緒に相続人となります。

① 子

② 直系尊属

③ 兄弟姉妹

なお，相続人について就業規則に退職金規定に定めがある場合は，民法上の相続人に優先して就業規則や退職金規定の規定が適用されます。就業規則や退職金規定に定める退職金受給権者の順位は，労働基準法施行規則第42条の遺族補償の受給順位を準用している場合が多いのが現状です。

労働基準法施行規則第42条
　　遺族補償を受けるべき者は，労働者の配偶者（婚姻の届出をしなくとも事実上
　婚姻と同様の関係にある者を含む。以下同じ。）とする。
　2　配偶者がない場合には，遺族補償を受けるべき者は，労働者の子，父母，孫及
　び祖父母で，労働者の死亡当時その収入によって生計を維持していた者又は労働
　者の死亡当時これと生計を一にしていた者とし，その順位は，前段に掲げる順序
　による。この場合において，父母については，養父母を先にして実父母を後にす
　る。

【会社としてリスクの少ない対応とは】

　民法では，事実婚関係の配偶者（内縁の配偶者）には相続権はなく，子や実
父母が優先します。しかし，労働基準法施行規則では，第1順位が法律上の配
偶者であり，第2順位が事実上の配偶者となります。トラブル回避の意味にお
いても，死亡退職金を支給する際の順位は，就業規則や退職金規定に明確に規
定しておくことが得策です。

　また，社会保険，雇用保険，住民税の手続きも忘れずに行う必要があります。

＜教　訓＞
　相続人の確認方法は，慎重に行う必要があります。
　特に内縁の配偶者等，死亡した者と法律上の関係がない者が相続人とし
て申し出があった場合には，死亡した者と法律上の関係にある者（家族）
と協議した結果，今回の申し出に対して異議がない旨の文書（家族と合意
している旨の記載がある）を取り交わしておくことがトラブル回避のため
にも重要です。

Ⅲ 給与改定があった場合の対応

- ・ 退職者から遡っての支給を求められた場合
- ・ 就業規則の整備
- ・ 給与端末の操作における注意点

【失敗事例 11】

　給与の増額改定を過去に遡って行ったところ，その情報を伝え聞いた退職した元従業員から同内容について問い合わせがあり，在職中に生じている差額分の支払いを求められた。担当者は，給与規定等を確認せずに在職期間中の分であれば，支給対象である旨を回答した。

【注意点】 1　支払い義務は生じるのか

　　　　　 2　就業規則の整備におけるポイント

　　　　　 3　給与端末操作における注意点

　基本給や手当を過去に遡って増額改定し，その期間に生じた差額をその年の最後の給与である12月に支給するケースを想定します。そこで，既に退職した従業員から問い合わせがあった際に，在職期間相当分のみ増額改定により生じた差額の支払い義務は発生するのかという問題が生じます。結論としては，退職者を含めて支給するか否かは，当事者間で自由に決定することができます。しかし，退職者であっても，定期昇給として就業規則や給与規定に予め一律に昇給することが明記されており，単に支給が漏れていた場合には遡って支給する必要があります。

【就業規則の整備のポイント】

　在職中の従業員と退職者の関係性が繋がっていることは多く，遡って給与改定が行われた場合にその情報が耳に入り，退職者目線では在職していた期間中に生じた差額は支給対象になるのではないかと考えることもあるでしょう。

　そこで，就業規則または給与規定（以下，就業規則等）に「遡って給与改定が行われた場合に生じた差額支給は，在職者のみを対象とする。」と明記しておくことで，万が一問い合わせがあった場合に，就業規則等に則った対応であることを示すことができます。

【給与端末の操作における注意点】

　遡って増額改定を行う場合には，給与端末を用いて自動計算することが多いでしょう。その際に，まずは増額改定する期間を確定させ，さらに支給対象者を確定させる必要があります。そのときに誤って退職者も含めて支給対象としてしまうと，就業規則等では対象を在職者に絞っているにもかかわらず退職者も含めて支給することになってしまいます。退職者も含めて支給する場合には，振込口座が在職中と同じとは断定できないことから，口座の確認が必要です。1度振り込んだものの口座が存在しなくなっている場合には，組み戻し手数料が発生することから会社に負担が発生してしまいます。

＜教　訓＞

　過去に遡って増額改定を行う場合は，退職者にも支給するか否かは自由に決定することができます。給与規定等に明記しておくことで，問い合わせがあった場合でも，支給の可否について当該規定に則った対応であることを示すことができます。

Ⅳ 賞　　与

- ・　賞与の３つの性質
- ・　支給日在籍要件
- ・　賞与と給与の相違点

【失敗事例 12】

　年に２回の賞与を予め決められた支給率で支給することが定例になっている企業において，経営が思わしくないことから，従業員には特段何も周知せずに就業規則に定めた支給率よりも低い率で賞与を支給した。

【注意点】　1　賞与の３つの性質

　　　　　　　2　変更の合理性が認められるには

　　　　　　　3　法で認められた休暇等を取得した場合の賞与の取扱い

　賞与には，次の３つの性質があります。

- ・　予め支給額や支給率が確定している賞与
- ・　支給額や支給率が都度決定される賞与
- ・　支給の有無が明確でない

　賞与は月例給与や残業代と異なり，必ず支給しなければならないものではありません。しかし，就業規則や給与規定（以下，就業規則等）に定めた内容によっては取るべき対応も異なってくることから注意が必要です。例えば，就業規則等に予め支給額や支給率が確定している場合は，労使合意等を待つまでもなく，従業員は所定の支給月に賞与の請求権を有すると考えられます。よって，変更する場合は，労働契約法第 10 条を考慮する必要があります。

労働契約法第 10 条（就業規則による労働契約の内容の変更）

　使用者が就業規則の変更により労働条件を変更する場合において，変更後の就業

規則を労働者に周知させ，かつ，就業規則の変更が，労働者の受ける不利益の程度，労働条件の変更の必要性，変更後の就業規則の内容の相当性，労働組合等との交渉の状況その他の就業規則の変更に係る事情に照らして合理的なものであるときは，労働契約の内容である労働条件は，当該変更後の就業規則に定めるところによるものとする。ただし，労働契約において，労働者及び使用者が就業規則の変更によっては変更されない労働条件として合意していた部分については，第12条に該当する場合を除き，この限りでない。

　月例給与と比べて賞与は，景気変動や企業業績の影響を受けやすい性質があり，変更の合理性は認められやすいと考えます。その点を考慮すると，「周知」しなかったことにより従業員との信頼関係に亀裂を生じさせるという対応は，盲目的な対応であったといえます。

　また，支給額が都度決定される賞与については，景気変動等によっては賞与を支給しない場合があることを留保していることから，従業員が有する賞与の請求権は抽象的であり，確定的に賞与を請求できる権利を有しているわけではありません。

　そして，支給の有無が明確でない場合においては，従業員は賞与に対する抽象的な請求権すら有していない状態です。

【支給日在籍要件】

　支給日在籍要件とは，賞与支給日に在籍している従業員に対して賞与を支給する旨の要件を課した規定です。そこで，次の判例を参考にします。

> **大和銀行事件**（最高裁・昭和57年10月7日）
>
> 　6月と12月の年2回，賞与を支給していた銀行において，支給日在籍要件を設けて支給日に在籍している従業員に対してのみ賞与を支給してきました。そこで，5月に退職した元従業員には賞与を支給しませんでした。なお，従業員が退職する前に銀行は労働組合の要請を受け，旧来からの慣行を明文化するために就業規則を改訂し賞与支給に当たっては支給日在籍要件があることを明文化し，全従業員に周知しています。元従業員は支給

日には在籍していなかったものの賞与の支給対象期間には在籍していたことから，賞与の支払いを求めて提訴しました。

　銀行では就業規則改定前から年2回の賞与の支給日を定めており，かつ，その支給日に在籍している従業員に対してのみ賞与が支給される慣行が存在していました。また，支給日在籍要件を明記した就業規則の改定は労働組合の要請によって明文化したものであり，変更の合理性がないとはいえません。よって，元従業員は銀行退職後に支給日を迎える賞与について受給権はないとの判断がされました。

　この判例から，賞与支給日在籍要件が明文化されていなかった場合も会社の主張が認められたかは断言できません。労使慣行（事実上の制度）が認められるには，その事実が長期間反復継続して行われていたこと，労使双方がその慣行に従うことを明示的に排除していないなどの事実が必要です。労使慣行は客観的な証拠とはいい難く，トラブル回避の観点からもまた会社の裁量で定めることが可能であることも鑑みると，支給日在籍要件を設ける場合は就業規則等に明記し，全従業員に周知しておくことが適切です。

【賞与と給与の相違点】

　労働基準法上で賞与の支払いは，義務付けられていません。よって，賞与額の設定や支給日在籍要件（支給日前に退職している場合は支給対象期間に在籍していても賞与は支給されない）を設けることは，会社の裁量によって決定することができます。また，賞与は年間を通じて4回以上支給してしまうと報酬月額に含むこととなり，原則として1年間に支給される賞与の合計額を12で除した額を報酬月額に加算します。

　賞与における査定は企業の裁量が認められており，当然，労働基準法上で最低支給限度額の定めはありません。しかし，不利益な取扱いも含めて問題にならないということではありません。まずは，年次有給休暇を取得した場合に当該期間を欠勤として取り扱うことは，法で保障した経済的利益を実質的に失わせるものであることから認められない場合があります。特に，労働者が年次有

給休暇を取得した場合は，企業に一定の賃金の支払い義務を課している点も見逃せません。

　産前産後休業については，年次有給休暇と同様に労働基準法に規定がありますが，年次有給休暇との相違点として賃金の支払い義務はありません。しかし，産前産後休業は労働基準法上の権利に基づくものであり，男女雇用機会均等法（正式には，雇用の分野における男女の均等な機会及び待遇の確保等に関する法律）第 9 条 3 項では「解雇その他不利益な取扱い」が禁止されています。さらに，「労働者に対する性別を理由とする差別の禁止等に関する規定に定める事項に関し，事業主が適切に対処するための指針」（平成 18 年厚生労働省告示第 614 号）では，「解雇その他不利益な取扱い」について，減給をし，または賞与等において不利益な算定を行うことが明示されており，賞与査定においては無効と判断される可能性があります。

＜教　訓＞

　賞与で支給に差を設ける場合は，トラブル回避の観点からも労使慣行に依存することなく明文化することが重要です。

　また，法律により取得する権利が認められているもの（年次有給休暇や産前産後休業）については，取得したことによって不利益となる査定は無効と判断されるリスクがあります。

■ 第4章

パ　ワ　ハ　ラ

■■■■■■■■■■■■■■■■■■■■■■■■■■■■■■■■■■■■■

Ⅰ パワハラ防止法

- ・　企業として何をすればよいのか
- ・　発生した場合の損害はどの程度か
- ・　そもそも発生しない組織運営

【失敗事例 12】

　パワハラ防止法施行後に設置した相談窓口にある従業員から，「パワ
ハラ被害を受けている。」との相談が寄せられた。

　以前にも同様の相談があり，結果的には本人の思い過ごしであったこ
とから，調査はせずに「（前回のように）君の思い過ごしもあるだろう
から，また大きな問題に発展した場合は相談してください。」と対応した。

【注意点】 1　法が求める具体的な企業対応

2　主観的対応のリスク

3　業務上の目的と手段の正当性

　いわゆるパワハラ防止法（正式には，労働施策総合推進法）が 2020 年 6 月
1 日から（中小企業は 2022 年 4 月 1 日から）施行されました。同法が求める
具体的な企業対応には，どのような義務があるのでしょうか。それは，大きく

分けて2点あります。

① 労働者の就業環境が害されることのないよう労働者からの相談に応じること

② ①に対応するために必要な体制の整備をし，その他必要な雇用管理上の整備をすること

よって，今後は過去の経緯に固執せず，会社として相談を受けた場合は，まずは然るべき調査をし，事実認定の後，その結果を労働者に伝える必要があります。

しかし，今回の事例では，過去の経緯に着目し，盲目的な判断といえます。また，実際に調査すらせず，その場で結論を出していることから，同法が求める（①の）労働者からの相談に応じることを満たしているとはいえません。

また，以前に相談があった際は本人の思い過ごしであったとのことですが，その時にはまだ相談窓口は設置されておらず，然るべき調査を行ったうえで本人の思い過ごしであったのかの判断がつきません。そうなると，前回も既にパワハラと評価される被害を受けていた可能性もあります。

【相談窓口担当者による主観的判断のリスク】

パワハラ防止法には，職場内で行われるパワハラについて，次の定義が明文化されました（同法第30条の2第1項）。

・ 優越的な関係を背景とした言動により

・ 業務上必要かつ相当な範囲を超えたものにより

・ 労働者の就業環境が害されること

なお，パワハラ行為者に対して同法上には刑事罰に処する規定は明記されていませんが，損害賠償を求められる可能性はあります。また，「労働者の就業環境が害される」ことについて，「平均的な労働者を基準」にして判断することとなります。しかし，平均的な基準のみで判断することも適切とはいい難く，「労働者の主観」にも配慮すべきこととされています。

これは，AとBという2人の従業員がいた場合に，たまたま学生時代からメンタルが強かったAへの対応が問題にならなかったとしても，それがBに

対しても問題にならないとは断言できないということです。

【パワハラ該当の成否】

　パワハラと業務上必要な指導の線引きは，非常に難しい部分であり，ここまではパワハラではありませんという線引き自体が困難です。業種，状況，必要性等を総合的に勘案して決定すべきです。

【発生した場合の損害はどの程度か】

　パワハラにおけるリーディング的な判例である「さわぎり事件」を例にあげて確認しましょう。本判例は，自衛隊員間で発生したパワハラ事案であり，一般的な業種と同等とはいい難く，特殊な環境下であったことは否めません。結果的には，2人の上司によるパワハラ（一方のみパワハラと認定）で，被害者は自殺という最悪の結果を招いてしまいました。

　そこに至るまでの過程として，被害者である部下に対して複数の上司による接触があり，A上司「お前はとろくて仕事ができない。」，B上司「お前は覚えが悪い。」等の発言がありました。また，部下の職務態度は，技能の習熟度も高いとはいえず，積極的に質問する姿勢は感じられず，かつ，業務中の居眠りも確認されていました。自衛隊という人命救助を担う崇高な業務を行っていくには，早期に担当業務の習熟が必要であることはいうまでもなく，一定程度の厳しい叱責はやむを得ないといえます（目的は正当）。

　しかし，一定の厳しい指導の必要性があったとはいえ，人格を否定する必要性は乏しく，かつ，部下に対して過度に劣等感を抱かせる発言は，目的を伝えるための手段として適切ではありません。

　結果的には，一方の上司は，仕事上で部下を上位の職位への昇進のため推薦していたことや，仕事外で部下を自宅に招いて食事をしていたことを考慮すると，侮辱と捉えられる発言内容ではあるものの懇意な上司と部下との関係として許容できる範囲であるとして，パワハラ認定には至りませんでした。

　よって，もう一方の上司のみがパワハラ加害者であると判断され，判決の結果350万円の賠償命令が下されました。

【そもそも発生しない組織運営】

　「さわぎり事件」の教訓は，上司として一定の厳しい叱責をするにはプライベートでも懇意な付き合いが必要という意味ではなく，むしろ with コロナの時代においては，プライベートでの懇意な付き合いは，（感染拡大防止の観点から）社会的に非常識となることも考えられます。よって，時代背景上もプライベートでの付き合いに固執することなく，目に見えない関係性として日常でのコミュニケーションの取り方に気を配るという発想が適切です。

　同期入社の部下であっても，育った環境や周囲の友人関係などを考慮するとその性格はさまざまです。「人を見て法を説け」の格言があるように，多様化容認の時代において指導法が全員に共通することはむしろ稀です。日常のコミュニケーションから目の前の部下にとって最善の指導法を考え，試行錯誤を繰り返していくことが上司の腕の見せ所であり，世代が離れた部下との心を繋ぐパスポートになると考えます。

　また，パワハラ防止法施行後は相談窓口の設置が義務化していることから，パワハラ相談自体は増えると考えられます。まずは相談に応じることはいうまでもありませんが，窓口担当者だけでなく，企業として社会通念上の考え方（他の従業員に聞こえる状況で長時間叱責する必要性はあるのかなど）を「共通の認識」として持つこと，企業ごとにパワハラの線引きは異なっていくことから，企業ごとにパワハラに対する肌感覚を醸成していくというスタンスが重要です。

＜参　考＞

○　労働施策総合推進法第 30 条の 2 第 1 項

○　海上自衛隊さわぎり事件（福岡高裁・平成 20 年 8 月 25 日）

＜教　訓＞

　企業には安全配慮義務（労働契約法第 5 条）が課せられることから，相談が寄せられたにもかかわらず問題を放置（対応しない）することはできません。また，単なる実績作りのために形式的に対応しただけでは，相談

者との信頼関係が破綻し離職に繋がることもあり得るため，適切な形で調
査をし，結果を報告することが重要です。

Ⅱ パワハラの類型

- ・ 他のハラスメントとの相違点
- ・ パワハラのリスク
- ・ 行政機関への相談件数の実態

【失敗事例13】

　ある部署に異動してきた年配者が，一定の経験年数を有する若手従業員から業務のレクチャーを受けていた。

　ところが，決して覚えがよいとはいえない年配者に対して日に日に口調が激しくなり，ある日を境に公衆の面前で罵倒するなどの発言が目撃され始めた。

【注意点】 1　パワハラとは上司から部下へのときだけなのか

　　　　　　2　パワハラと他のハラスメントの相違点

　　　　　　3　相談先の選択肢

【パワハラとは】

職場におけるパワハラの定義を確認しましょう。

- ・ 優越的な関係を背景とした言動であり
- ・ 業務上必要かつ相当な範囲を超えたものであり
- ・ 労働者の就業環境を害すること

上記のいずれの要件も満たしたものがパワハラとなります。よって，年齢が上か下かということは，パワハラの要件ではありません。本事例は，部下から上司への問題発言です。

　まず，一定の業務については，上司より部下のほうが知見を有しているといえます。その点にフォーカスすると，「優越的な関係」が部下から上司の間には成立します。

　次に、「業務上必要かつ相当な範囲を超えたもの」については、職務内容によっては業務上の一定の厳しい指導は必要といえます。しかし、業務の範囲を超えて個人を否定する発言（人格攻撃）となってしまうと、明らかに必要かつ相当な範囲を超えています。また、指導の仕方にも配慮する必要があります。事後の確認が容易であることから、メールで指導内容を送信する際に、CCで同時に多くの人に対しても劣等感を感じる内容を含んだ内容を送信することや、個室が空いているにもかかわらず多くの従業員の前で吊るし上げるなどの対応は、なぜ複数ある選択肢のなかでその手段を選択しなければならなかったのかということになります。

　そして、「労働者の就業環境を害すること」について確認しましょう。「平均的な労働者の感じ方」を基準として考える必要があり、具体的には「身体的もしくは精神的苦痛」を与えることとして、次の場合が該当します。

- 　暴力により障害を負わせること
- 　暴言により人格を否定すること
- 　執拗に大声や厳しい叱責を繰り返して恐怖感を与えること
- 　長期間にわたり無視や能力に合わない仕事を与えること

　今回の事例では、知見が豊富な部下による年配者への指導が問題となっていますが、指導を行う際に声のボリュームは非常に重要です。当然、周囲に他の従業員がいる状態で声を張り上げることや個室に入って指導をした場合でも、大声での指導の結果として個室の外に声が漏れる状態では周囲の従業員の心理状態にも影響を及ぼすでしょう。

【パワハラの6類型】

　パワハラの6類型も併せて確認しましょう。

- 　身体的な攻撃（暴行など）
- 　精神的な攻撃（侮辱など）
- 　過大な要求（業務遂行不可能なことの指示）
- 　過小な要求（業務上必要がないにもかかわらず能力や経験とかけ離れた
程度の低い仕事を与える）

- 　個の侵害（プライバシーな領域に過度に立ち入る）
- 　人間関係からの切り離し

　6類型とは，あくまでパワハラの代表的な行為を集約したもので，6類型に当てはまらないからといって，パワハラには一切該当しないということではありません。

【パワハラと他のハラスメントの相違点】

　例えばマタハラとは，マタニティーハラスメントの略で，働く女性が，妊娠，出産，育児を契機として職場で嫌がらせを受けることです。よって，起こることが予想される時期が明確です。他には，アルハラ（アルコールハラスメント）であれば，飲み会の席で起こることが予想されます。

　しかし，パワハラの場合は，上司から部下への行き過ぎた指導で問題となる場合が多くありますが，それだけではなく部下から上司への行為に対しても問題となる場合もあることから，特定の時期に起こるハラスメントではありません。また，パワハラの特徴として，目撃証言の多さもあげられます。

【相談先の選択肢】

　パワハラ被害者やパワハラ被害者の周囲で働く従業員の特徴として，パワハラが常態化してくるとその状態が当たり前になってしまうことです。社内でも神格化した上司からの指導であれば，それが当たり前の状態であると錯覚してしまうことがあり，感覚が麻痺してしまいます。よって，そのような状態に陥ってしまうと，行動を起こすこと自体に非常に大きなエネルギーを要してしまうことから，早期に相談をすることが自身の被害の縮小だけでなく，二次被害（標的が他の従業員に移る）の抑止にも繋がります。

　そこで，相談先としては，社内の相談窓口が心理的な障壁も高くないといえますが，中小企業の場合は人員数も多いとはいえず，「元上司」が窓口担当者であることも珍しくありません。その場合は，従業員によっては「最も相談しにくい窓口」となることから，相談窓口を外部機関へ委ねる企業も増えてきました。しかし，そのような体制が構築されていない場合は，行政機関（各都道府県に設置されている総合労働相談コーナー）や専門家（労働法を専門とする

弁護士や社会保険労務士）への相談が選択肢となり得ます。

【パワハラのリスク】

　パワハラが常態化してしまうと，労働生産性の低下が起こってしまいます。日本全体で考えても日本の労働生産性の低さは OECD のなかでも指摘されており，それは労働時間の長さが起因しています。そして，職場内でパワハラが常態化してしまうと，パワハラ被害者とその被害者の周囲にいる従業員の離職率の増加は想像に難くありません。パワハラが起こると，次は自分が標的にされないようにと消極的な勤務態度をとることがあり，今後のキャリア形成の面からもマイナスになります。上司によっては，全員の前で叱責したほうが失敗の抑止効果があると妄信しているケースもありますが，育ってきたバックグラウンドなどにより人それぞれ性格は異なります。よって，その指導方法が全員にあてはまるという考え方は，さすがに無理があります。

　また，公衆の面前での叱責が，指導対象でない他の部下の耳にどのような形で入り，それによって，自他共に認める強いメンタルを持った部下であったとしても，どのような心理状態になるのか予測が困難です。結果的に，直接的な指導対象でなかった従業員の就業環境が害され，間接的なパワハラとなるリスクは頭に入れておくべきです。

【行政機関への相談件数の実態】

　令和元年度個別労働紛争解決制度（厚生労働省）を確認すると，8 年連続で「いじめ・嫌がらせ」に関する労働相談がトップとなっています。また，これは，実際に「相談に行く」という行動に移せた数値であり，当然行動に移せなかった従業員もいると考えると，労働問題のなかに占めるいじめ・嫌がらせ問題は大きいといえます。

相談件数の推移

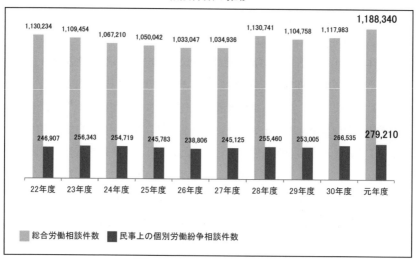

- 総合労働相談件数
- 民事上の個別労働紛争相談件数

民事上の個別労働紛争｜相談内容別の件数

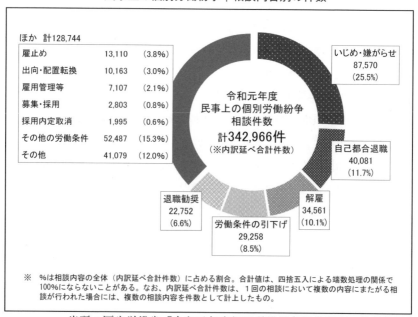

ほか　計128,744

雇止め	13,110	（3.8%）
出向・配置転換	10,163	（3.0%）
雇用管理等	7,107	（2.1%）
募集・採用	2,803	（0.8%）
採用内定取消	1,995	（0.6%）
その他の労働条件	52,487	（15.3%）
その他	41,079	（12.0%）

令和元年度
民事上の個別労働紛争
相談件数
計342,966件
（※内訳延べ合計件数）

いじめ・嫌がらせ
87,570
（25.5%）

自己都合退職
40,081
（11.7%）

解雇
34,561
（10.1%）

退職勧奨
22,752
（6.6%）

労働条件の引下げ
29,258
（8.5%）

※　%は相談内容の全体（内訳延べ合計件数）に占める割合。合計値は、四捨五入による端数処理の関係で
　　100%にならないことがある。なお、内訳延べ合計件数は、１回の相談において複数の内容にまたがる相
　　談が行われた場合には、複数の相談内容を件数として計上したもの。

出所：厚生労働省「令和元年度個別労働紛争解決制度の施行状況」

☕ちょっと休憩

リモハラ（リモートハラスメント）

　with コロナの時代においては，エッセンシャルワーカーを除き，リモート環境の整備は切り離して考えることができません。よって，対面一択での労務管理ではなく，対面・リモートのハイブリッド型労務管理が増えてくると考えます。そこで，リモハラ（リモートハラスメント）への警鐘が鳴らされています。

　具体的には，以下の事案を取り上げます。

就業時間中のカメラオン

　経営者目線では，在宅勤務に切り替えた場合に，「本当に仕事をしているのか」と考えることもあるでしょう。まず留意すべき点は，「業務上の必要性」です。明らかに問い合わせに対する応答が悪い場合や，定例会議への遅刻が多いケースは検討に値しますが，どのような理由であっても休憩時間中はカメラオンを命じるべきではありません。これは，経営者目線で考えると，従業員へのハラスメント以前に，休憩時間中の拘束性を根拠に，休憩時間は実質的に労働時間であったと主張され，賃金を請求されるリスクがあるからです。

　いうまでもなく，就業時間中のカメラオンは，対面業務に置き換えると目の前で常時監視されているのと同じ状態と感じざるを得ず，精神的に圧迫感が強い状態と考えます。また，PC の機種によっては，バーチャル背景（仮想背景）の設定（画像が著しく悪くなる等の理由で）ができず，常時部屋のなかを見られている感覚に苛まれてしまい，就業環境が害されていると感じる従業員がいます。また，顔とカメラとの距離を指示するケースがありますが，あまりにも近づけすぎてしまうと対面時よりも圧迫感を感じてしまいます。

ドレスコード

　対面で業務を行う場合は，スーツなどを着用することが多いでしょう。会社側とすれば，在宅「勤務」であるはずなのに「私服とは何事か」という話にもなります。そこで，上下ともに正装を指示するケースも散見されますが，そのこと自体は直ちに違法とはいえません。

上記の就業時間中のカメラオンをするのであれば，服装の管理はできるのでしょうが，カメラを切ったあとは何んとでもいえます。よって，ここに時間をかける必要性は乏しいと考えます。

　しかし，顧客とのオンライン面談や社内であっても，複数名でオンライン会議を行う場合には話は違います。当然，ビジネスマナーとしての服装を選択すべきです。また，カメラでは確認できないパンツの指定については，そもそも確認のしようがなく，また，カメラをオフにした後では何んとでもいえてしまいますので，過度に制限したとしても実効性は乏しいと考えます。特に，女性従業員に対して過度に服装を指示してしまうと，問題となる可能性があります。

オンライン飲み会

　オンライン飲み会の特徴は，次のとおりです。

①　終電がないことから対面時より切り上げるタイミングが難しい

②　自宅から参加することが多く断りづらい

③　アルハラ（無理やり酒を飲ませる）は起りにくい

　オンライン飲み会は自宅で行われることが多く，プライバシーの観点（映り込む背景や家族）からも過度な立ち入りは避けるべきです。また，ZOOM等での設定は可能ですが，オンラインは対面時よりも1対1での会話が難しく，人に聞かれたくない会話が漏れてしまうことが指摘されており，酔った勢いで配慮に欠ける発言をしてしまうと，トラブルに発展するリスクがあります。

Ⅲ　違法性の判断基準

- ・　本当に部下のためなのか
- ・　無断での録音が発覚，その時の企業対応
- ・　調 査 方 法

【失敗事例 14】

　以前から高圧的な言動で周囲も気になっていた上司が，部下を職場内で指導していた。

　その時に，上司は，この部下が胸元で IC レコーダーを忍ばせ，無断で録音していることに気付き，プライバシー侵害であると主張した。

　就業規則においては，無断での録音は禁止するとの規定が整備されている。

　対応方法として，あなたの部署内では，次の 4 通りの選択肢が浮上しました。あなたならどれを選択しますか。一緒に考えてみましょう。

【選択肢】

　⑴　就業規則でも禁止しており，偶発的に機密情報も含まれる可能性があることから，部下に処分を検討する。

　⑵　そもそも秘密裏に録音されるような上司に処分を検討する。

　⑶　なぜ部下は秘密裏に録音せざるを得なかったのか事情を聴取し，上司についても指導法等を含めて事情を聴取する。

　⑷　双方が感情的になっている場合は，対応を先送りする。

　まず，パワハラ調査で誤ってはならない点として，ある程度の強い叱責自体が違法というわけではありません。職務の性質上（例えば医療業），期待される労務の提供がなされなかった場合に起こり得る被害の状況によっては，一定

程度の強い叱責はやむを得ないことです。ここで方向性がずれないためにおさえておくべき点として，「目的と手段」は分けて考えるということです。

【目的と手段】

目的とは，多くの場合に企業が期待する成果をあげることです。例えば医療業であれば，患者様の安全および健康の確保であり，一般企業であれば利益追求などが想定されます。ゆえに，最終的な目的がずれることは多くはないでしょう。

しかし，目的達成のための手段は無限に存在します。目的達成のために直属の部下を個室へ呼び，1 on 1（ワンオンワン）で指導を行うこと，他の部署も視覚的に目につく場所で罵声を浴びせながらの指導で部下の反骨精神を期待するなどが想定されます。目的達成のための手段としては，本当に妥当な選択肢なのかという視点が極めて重要です。目的は手段と比べて多くはないものの，目的達成のための手段は無限に存在します。問題となった際に，複数ある選択肢のなかから，なぜ，その手段を選択しなければならなかったのかということになります。

また，上司としては「将来を背負って立つ部下を想っての手段であった。」としても，それは，「社会通念上妥当な手段なのか」，「平均的な労働者にとって妥当な手段なのか」ということになります。

この2点を満たしたうえで，手段を講じていく必要があります。

そして，管理職であれば，部下に対して画一的な指導も危険な場合が多いでしょう。「人を見て法を説け」というように，部下もそれぞれ持ち合わせた性格が異なり，誰もが強い叱責によって成果をあげる（そのような指導方法を求めている）とは断言できません。

【録音行為の種類】

秘密裏に録音する行為は，「盗聴」と「秘密録音」の2点に分類されます。

盗聴とは，他人同士の会話を録音するために施設内に録音機を設置することです。この行為だけでは犯罪行為ではありません（推奨するわけではありません）が，盗聴器を設置するためにトイレに侵入するとなると，軽犯罪法違反に

該当する可能性があります。

　秘密録音とは，話し相手の同意を得ずに録音をすることです。秘密録音も，その行為のみでは犯罪行為にあたりませんが，秘密録音で得た音声をもとに金銭を要求するなどした場合は，恐喝罪などに該当する可能性があります。

【企業対応とプライバシー権の侵害】

　企業対応としては，秘密録音単体のみで部下に懲罰を課すのは適切な対応ではありません。まず，部下がどのような理由で秘密録音をしたのか，また，せざる得ない事情があったのかを確認することが重要です。そして，上司の意図しないところでの録音データの開示があるような場合を除いて，秘密録音単体のみではプライバシー権侵害の程度は低いでしょう。

【就業規則に禁止条項が設けられていた場合】

　次の問題点として，機密情報漏洩防止の観点などから，就業規則に秘密録音を禁止する規定が整備されていた点です。企業としても，包括的に正常な運営が保たれるように施設管理権として，秘密録音を禁止すること自体は認められます。しかし，声のボリュームや発言内容などの録音データは，パワハラの特徴として民事上も高い証拠能力として認められる傾向にあります。だからといって画一的に黙認してしまっては，職場内で活発な議論が醸成されにくくなり，疑心暗鬼な雰囲気が漂う職場環境となってしまいます。そこで，秘密録音が確認された場合は，就業規則での明示があったとしても直ちに懲罰を課すのではなく，双方の事情を聴取する選択肢(3)が妥当な選択肢と考えます。

【選択しなかった選択肢について】

　筆者が選択しなかった選択肢について解説します。

　まず，選択肢(4)の「対応の先送り」については，最も選択してはならないものです。それは，先送りすることによって問題が肥大化するリスクがあり，時間が経過するごとに解決できる選択肢が少なくなっていくことが多いためです。

　選択肢(1)・(2)については，何も調査をしていない段階で処分を検討するのは明らかに時期尚早です。

【調 査 方 法】

　調査方法についても，一定の配慮が必要です。例えば双方が既に感情的な態度になっていた場合には，双方を別々に呼び，個室で対応したとしても問題解決には程遠い事情聴取で終わってしまうことがあります。そこで，第三者の証言を得ることが一案です。

　ここでの注意点として，事情聴取する第三者と上司・部下との「関係性」を考慮する必要があります。これは，すでに上司または部下との関係性がこじれている場合や，明らかに懇意な付き合いがある場合など，いずれか一方に肩入れした証言をする可能性があるからです。既に，上司または部下が周囲の誰からも問題視されているような特異な存在である場合を除いて，フラットな立場で証言を得ることができる社員を選ぶ眼力・配慮が重要です。これは，あとから問題を蒸し返される（例えばパワハラ行為自体は認めるが，当時の「調査方法」について異議を申し立てたい）ことへの対応策としても有効です。

☕ちょっと休憩

LGBT

　性同一性障害である国の職員が，女性用トイレの使用を制限されたことを不服として争った判例をご紹介します。国側は「女性職員の保護」のため利用を制限したと主張しましたが，地裁は「トラブルの可能性は抽象的なものに留まる」として，国側の対応は合理的な対応として認めませんでした。なお，判決に際して，職員が証拠として提出した民間企業の取り組み事例（＜参考＞を参照）も考慮要素となっていたということです。

　具体的に内容を確認しましょう。

　本件は，生物学的には男性であるものの女性であると自認する職員が，性同一性障害であるとの診断を受けました。しかし，性別適合手術は受けておらず，戸籍上も男性のままでした。この職員は，上司へ性同一性障害であることを告げ，女性としての服装の着用，女性用トイレの使用許可を求めました。

　その結果として，身なりは本人に任せること，休憩室の使用は許可，トイレ

は所属部署から2階以上離れたトイレのみ使用可能とし，その後の面談では，戸籍上の性別を変更せずに現在の部署から異動した後も女性用トイレの使用をするには，異動先の女性職員の理解を得る必要があることを説明しました。

そこで，職員は，戸籍上の性別に関わりなく，女性用トイレの使用に制限を設けないこと，異動後も他の職員に告知せず，自由にトイレの使用を認めてほしい旨の要望をしたところ，認めないとの回答であったため，提訴しました。

判決は冒頭に述べたとおりですが，あえて本章で取り上げた理由として，面談中の上司が対応の中で，「手術を受けないのであれば，男に戻ってはどうか。」との発言があり，性自認を真正面から否定した違法な発言であるとし，慰謝料等132万円の支払いを命じています。

本判例からの教訓としては，国の中での労働問題であり，訴訟にまで発展した事案でしたが，民間企業での取り組み事例（LGBT社員が使用可能なトイレを設置したJ社などの取り組み）を考慮しており，民間企業であっても置き換えて参考にできる部分は存在すること，トイレを巡る国民の意識は相応の変化が生じているという点は，今後の労務管理においても十分参考になると考えます。

＜参　考＞

○　令和元年12月12日・東京地方裁判所判決（平成27年（行ウ）第667号行政措置要求判定取消請求事件）

○　以下はトイレにおける民間企業の取り組み実績であり，裁判所のHPから参考にしたものです。

　KM_654e-20200114191618（courts.go.jp）

　裁判例結果詳細｜裁判所 - Courts in Japan

■ 第5章

有事の労務管理（自然災害等を含む）

I 台風時等の労務管理

- ・ 労務管理版 BCP とは
- ・ 電 車 遅 延
- ・ 台風到来による会社判断を円滑に行うために
- ・ 帰宅制限時の対応
- ・ 自宅待機命令時の賃金

【失敗事例 15】

　台風到来のため，通勤時の電車が遅延し，遅延証明書の提出があったものの，正社員のみ特別有給休暇で処理し，非正規職員は欠勤として扱った。

　また，早朝から台風の猛威が続いていた点を考慮し，遠方から通勤する従業員に限って自宅待機命令を発した。出勤していた従業員については，終業時刻よりも少し前の時間から業務に支障のない範囲内で帰宅を促す対応を取った。

【注意点】　1　正社員と非正規社員で対応が異なるのは問題ないか

　　　　　　2　労務管理版 BCP 作成上の注意点

　　　　　　3　社内待機と自宅待機中の労働時間性

大型台風の到来などの有事は，年に１度は起こるものです。その場合には，電車通勤の従業員が遅刻し，遅延証明書を持参した場合の対応が問題となります。そもそもノーワークノーペイの原則により働いていない間の賃金の支払いがないこと自体は違法ではありません。

我が国の通例では，正社員は月給制が採用されていることが多く，欠勤控除を行う際は就業規則や給与規定（以下，就業規則等）に定めがあります。反対に，非正規職員は時給制が採用されていることが多く，賃金計算の性質上，勤務がなかった時間帯についての賃金は支払われません。なお，今回は遅延証明が提出され，正社員のみ特別休暇で処理し，非正規社員のみ欠勤控除を行っているという事例です。まずは，次の法律条文を確認します。

短時間労働者及び有期雇用労働者の雇用管理の改善等に関する法律第８条（不合理な待遇の禁止）

　事業主は，その雇用する短時間・有期雇用労働者の基本給，賞与その他の待遇のそれぞれについて，当該待遇に対応する通常の労働者の待遇との間において，当該短時間・有期雇用労働者及び通常の労働者の業務の内容及び当該業務に伴う責任の程度（以下「職務の内容」という。），当該職務の内容及び配置の変更の範囲その他の事情のうち，当該待遇の性質及び当該待遇を行う目的に照らして適切と認められるものを考慮して，不合理と認められる相違を設けてはならない。

端的には，この法律条文に違反しているか否かが問われます。この法律条文では，職務の内容，配置の変更の範囲，その他の事情において，均衡のとれた待遇の確保を求めています。職務内容等に相違があれば，直ちに違法とは解されません。しかし，法律以前に，従業員のモチベーションにどの程度の悪影響を与えるかは無視できません。また，大型台風などの有事は年に１度は到来するものの，考え方によっては年に１度程度しか到来しません。よって，正社員であっても非正規社員であっても自然災害から被る影響の差はなく，むしろ会社としても頻度的に負担は大きくないことから，非正規社員も含めて特別休暇として欠勤控除を行わないとする判断もあり得ます。

よって，従業員のモチベーションと企業体力等を総合的に勘案して決定した

い部分です。なお，特別休暇については，労働基準法上の制限はありません。本来，年次有給休暇は，利用目的について一部例外はあるものの使用者側の干渉は許されません。しかし，労働基準法の年次有給休暇を上回る特別休暇については，取得理由（例えば自然災害時や冠婚葬祭時）に制限を設けること等は，使用者側が自由に設定できる部分です。

【労務管理版 BCP とは】

BCP とは「事業継続計画」のことで，企業が自然災害等に遭遇した場合に，被る損害を最小限に抑えつつ早期復旧と並行的に事業継続のための手段を決定しておくことです。有事の際に慌てて BCP を作成しても周到な準備には程遠く，平時の際に議論を重ねて作成しておくことが求められます。具体的には，優先すべき中核業務の決定，目標となり得る復旧期間，緊急時に提供できるサービス，代替策，従業員とのコミュニケーションツールの確保は，検討しておくべきです。内容によっては，取引先を交えて推し進めていくことが望ましい部分もあり，信頼関係の強固にも繋がると考えます。

また，BCP を作成したとしても，どのような場合に発動させるのかが不明確な場合は，発動すること自体に多くのエネルギーを要してしまいます。よって，労務版 BCP 作成後は，どのような基準で発動させるのかを決定しておくことも重要です。

【台風到来による会社判断を円滑に行うために】

BCP 発動の決定権者は，通常は企業の代表取締役等になることが多いでしょう。しかし，そのような要職は社内に常駐しているとは限らず，また，有事であればなおさら，連絡がつきづらい状況におかれることもあります。そこで，次決定権者も決めておくことが妥当と考えます。

また，1 度作成しただけでは，その企業によって最良の BCP とは断言できません。そこで，定期的に複数の主要メンバーによるメンテナンスの機会を設けておくことで，BCP としての有効性を高めていくものと考えます。

【帰宅制限時の対応】

特定の時間帯に大勢の帰宅を促すと人で溢れかえってしまい，混乱が発生し

てしまいます。また，緊急車両の通行の妨げになり，救護活動に支障をきたす可能性も否定できません。そこで，部署ごとに帰宅時間帯を変えることや，遠方者を優先的に帰宅させるなどの対応が想定されます。なお，比較的修正がしやすい平時のうちから，訓練の一環として有事に備えて社内に待機させる場合は，従業員への周知と一定の備蓄，安全確保，従業員の家族との安否確認手段の確保など，定期的な訓練機会の確保が必要です。

【社内に待機中の賃金】

　段階的に帰宅させるために特定の社員を社内に待機させる場合に，その時間は労働契約で定めた労務の提供をすることはほとんどありません。いわゆる待機時間は，労働時間と解されるのかという議論が生じ得ます。判例では，「不活動仮眠時間」が労働時間にあたるか否かが争われた事件として，大星ビル管理事件があります。

　結論としては，「労働者が実作業に従事していないというだけでは，使用者の指揮命令下から離脱しているということにはできず，当該時間に労働者が労働から離れることが保障されていて初めて労働者が使用者の指揮命令下に置かれていないものと評価することができる。」と判示されています。よって，不活動仮眠時間や待機時間は業務を行っていなかったとしても，原則として労働時間であると解され，賃金の支払い義務が発生するということです。

　しかし，不活動時間が労働時間と解されない場合もあります。それは，先の不活動仮眠時間であっても複数名による交代制での仮眠で労働時間には該当しないと判示した判例（ビル代行宿直勤務事件）もあります。よって，「労働からの解放」が保障されているか否かが判断の分かれ目となります。

【自宅待機命令時の賃金】

　早朝から台風などの自然災害に見舞われ，安全配慮の観点から従業員を自宅に待機させる場合もあります。当然，従業員目線では外出や飲酒等が制約されることになることは，想像に難くありません。このような自宅待機命令中は使用者の指揮命令下に置かれた時間と解され，賃金の支払い義務は発生するのでしょうか。

　自宅待機をさせ，必要に応じて呼び出すことをオンコールと呼び，医療業界では一般的に用いられている就労形態です。当然，オンコール待機中は労務に従事するわけではないものの，いつ呼び出しがあるかはわからず，精神的な負担は否定できません。

　参考判例として，産婦人科医師が宿日直勤務およびオンコールの時間帯について割増賃金を請求した事件があります。裁判は最高裁までもつれ，結論として宿日直勤務については割増賃金の請求を認め，オンコールについては割増賃金請求を否定しました（県立奈良病院事件）。本判例を参考にすると，自宅待機時間中は原則として労働時間とは解されないと整理できますが，自宅待機中から業務命令を発してしまうとなると，当然，労働時間と解されます。よって，必要に応じて個別具体的に精査すること，単に安全配慮の観点から待機させるだけの場合は，むやみに自宅待機中に業務命令を発しないことを念頭におき，労務管理すべきです。

　また，賃金計算事務簡素化の観点からも自宅待機中を特別有給休暇にあて，賃金を支給するという判断もあり得ますが，「同一労働同一賃金」は賃金だけでなく休暇も含めて議論が生じていることから，その点にも留意すべきです。

＜参　考＞

○　大星ビル管理事件（最高裁・平成 14 年 2 月 28 日）

○　ビル代行宿直勤務事件（東京地裁・平成 17 年 2 月 25 日）

○　県立奈良病院事件（最高裁・平成 25 年 2 月 12 日）

＜教　訓＞

　有事の労務管理は，平時のうちにどれだけ準備できているかが鍵となります。

　また，有事は恒常的に発生するとはいい難く，法律を意識しながらもそれだけに固執することなく，正社員と非正規社員で取り扱いを分けることで生じ得る従業員間のモチベーションと経営上の問題で，どれほどの影響が生じるかを判断していく必要があります。

Ⅱ 帰宅困難者対応

- 一斉帰宅抑制の原則
- 帰 宅 方 法
- コミュニケーション，連携，必要な考え方

【失敗事例 16】

　大規模な地震が発生した。時期的には繁忙期ではあるものの，安全を優先し，従業員を一斉に帰宅させた。

　しかし，公共交通機関が麻痺してしまったうえに，帰宅困難者で溢れた駅構内では，長時間かけて徒歩で帰宅する者，会社へ引き返す者などさまざまな者で溢れかえり，業務はおろか連絡系統も破綻し収集がつかなくなってしまった。

【注意点】 1　地震発生時の労務管理

　　　　　 2　災害訓練時のポイント

　　　　　 3　平時からの準備

　地震発生時には，平時と同じように公共交通機関が動くとは限りません。企業として重要な点は，「平時からの準備」と「初動対応」の2点です。

　本事例のように，地震発生時には一刻も早く家族の元へ帰宅させたいという考え方もありますが，一斉に帰宅させてしまうと駅構内および周辺は大混乱になってしまい，二次災害が起こってしまうリスクも想定できます。また，スマートフォンなどの連絡手段も，特定の時間帯に集中して使われることから適正に機能するとは限りません。

　企業としても，まずは労働者への安全配慮義務を無視することはできず，どのように対応していくべきかを考えていきます。今回は一斉帰宅という選択をしていますが，有事の際の一斉帰宅は危険を伴うことがあります。駅構内およ

び周辺は大勢の人で溢れかえっており，救護活動の妨げや，公共交通機関復旧の遅れ，人と人とがぶつかることによる負傷等の原因にもなります。有事の際の労務管理は，地震に限らず，平時にどれだけ準備できているかがポイントになります。

　まずは，従業員の待機場所および備蓄の整備です。地震の大きさにもよりますが，公共交通機関が麻痺してしまうと，当分の間は復旧の見通しが立たないことがあります。そのため，会社内の安全な場所に従業員を待機させ，公共交通機関が復旧するタイミングを見計らい，順次帰宅させるということです。そこで，まずは事業所施設内の安全な場所を特定させておき，待機場所を確保しておく必要があります。また，待機している間にも刻々と時間は経過していくことから，水や食料，毛布などの準備は必須となります。

　また，比較的大きな会社になると，地域の非難難民が訪れることがあります。その場合の対応も決めておく必要があります。特に医療施設であれば，入院患者の命を預かっているという特性上，まずは入院患者を優先すべきでしょう。それでも余裕がある場合は，一般企業も含めてどの程度の受け入れが可能であるかを総合的に勘案して決定していくことになります。しかし，あまりにも門戸を広げすぎてしまうと，大勢の非難難民が押し寄せて逆に安全が確保できなくなってしまうことから，各市町村での受け入れ施設を案内するなどの対応が選択肢となります。

　他には，一斉帰宅とならないような帰宅ルールの決定です。子供を養育する従業員や親の介護がある従業員は事前に把握しておき，自宅と会社との距離や帰宅手段などに応じて決定していくことが適切です。

【安否確認】

　有事に備えた平時からの取り組みとして，安否確認ツールの使用があげられます。大規模地震発生時には電話はほとんど繋がらないと仮定して，SNSサービス等のツールを使用し，従業員および従業員の家族の安否確認を「平時のうちから」訓練しておくことで，有事の際に円滑にすすめることができます。また，平時に行う安否確認訓練は，通常業務と比べると優先度も低く，当事者意

識を持って取り組む従業員ばかりとは限りません。

　また，単にツールを操作することが目的になってしまい，本質的な訓練とは程遠い結果となります。そこで，後述する災害訓練（社員教育を含む）とセットで取り組むことで，実効性を確保することが可能となります。

各通信事業者が提供する災害時の安否確認サービス

・災害用伝言ダイヤル（171）

　災害用伝言ダイヤルは、地震、噴火などの災害の発生により、被災地への通信が増加し、つながりにくい状況になった場合に、NTT 東日本により提供が開始される声の伝言板です。

・災害用伝言板（web171）

　災害用伝言板（web171）は、インターネットを利用して被災地の方の安否確認を行う伝言板です。

・NTT ドコモ　災害用安否確認

　災害が発生した時に、家族や友人などと安否の確認ができる災害用伝言板・災害用音声お届けサービスの利用方法を事前に知っておきましょう。

・au 災害用伝言板サービス

　KDDI・沖縄セルラーでは、災害時に家族・親類・知人などとの安否確認にご利用いただくため、災害用伝言板サービスを提供しています。

・ソフトバンク　災害用伝言板／災害用音声お届けサービス

　災害時の安否確認手段としてご利用いただける「災害用伝言板」「災害用音声お届けサービス」をご紹介します。

・ワイモバイル　災害用伝言板サービス

　大規模災害発生時に災害用伝言板に安否情報を登録し、その安否情報をインターネット（他社携帯電話含む）から閲覧することが可能なサービスです。

出所：災害時の安否確認｜東京都防災ホームページ

【災害訓練（社員教育を含む）】

　有事の際には，平時に想定していなかったことが起こることでパニックとなることから，訓練を通して，有事を想定しておくことで冷静な行動を取ることができます。パニック状態では，次々に迫られる判断を誤ってしまいかねません。そこで，年1回程度の訓練を実施しておくことが重要です。

　有事の際には，どのような災害が発生するかは事前に予想できないことから意味がないとの指摘もありますが，事前に予想できる状況下ですら適切な状況判断および行動ができない状態では，有事は乗り切れないでしょう。

　このレベルでの訓練を難なくクリアできるレベルに到達した場合は，告知なしの訓練も選択肢となりますが，顧客対応は無視できず，然るべき担当者からの説明は事前に行っておくべきでしょう。訓練内容については，地震や火災などが選択肢になると考えますが，プラス a の要素として天候も考慮に加えておくことが適切です。

　訓練では，備蓄食料の消費期限の確認も併せて行っておきましょう。必要なスペースを確保して備蓄食材をストックしていたとしても，有事の際に消費期限切れでは意味をなさなくなってしまいます。備蓄食材の消費期限が迫っている場合には，廃棄のみの一択ではなく，従業員へ配布して試食した後にフィードバックしてもらうことで，当事者意識を芽生えさせることにも繋がるものと考えます。また，社員教育では，外部講師を招いての教育も新たな着眼点に気付かされる有用な機会となり得ます。

【安全配慮義務】

　会社は，事業の発展のために必要な業務命令を発し，労働者を使用します。しかし，労働者に危険が及ぶ場合は，安全を確保しつつ労働ができるよう必要な配慮をしなければなりません。

労働契約法第5条（労働者の安全の配慮）
　使用者は，労働契約に伴い，労働者がその生命，身体等の安全を確保しつつ労働することができるよう，必要な配慮をするものとする。

地震発生時も当然「安全配慮義務」は課せられ，然るべき企業対応が求められます。具体的には，次の3点に留意する必要があります。

① 予見可能性

② 結果回避義務

③ 因 果 関 係

①については，労働者の心身の健康に損害発生が予見できたこと，または予見できると認定できる場合には，予見可能性有りと判断されます。

②については，①のリスクを会社として回避する義務を果たしたか否かが問われます。

③については，労働者に生じた損害と関係性があるか否かが問われます。

会社として①で損害が予見でき，②の義務を果たさず，かつ，③の因果関係が認められた場合は，企業として手段を講じているとはいえず，安全配慮義務違反となります。労働契約法違反については直接的な罰則はありませんが，民法第709条（不法行為による損害賠償），民法第715条（使用者等の責任），民法第415条（債務不履行による損害賠償）等を理由として，損害賠償を命じられる可能性もあります。

【テレワークの活用】

震災当日を乗り切ったとしても，翌日から業務を再開できるとは断言できません。そもそも翌日に出勤できるかどうかもわからず，出勤できたとしても社内のインフラ設備が打撃を受けていた場合は，旧来と同様のレベルで仕事ができるかは不透明です。その場合には，あえて危険を伴いながら出勤するよりもテレワークを活用することで，労働者の安全を守りながら一定の労務の提供を受けることができます。

［有事の際のテレワークのメリット（企業側）］

・ 労働者の安全を確保できる

・ 遠隔地や出勤が困難な労働者からも労務の提供を受けることができる

> ・　オフィスの機能が停止している場合でも，労務の提供を受けること
> 　　ができる
>
> ［有事の際のテレワークのメリット（労働者側）］
> ・　危険を伴い出勤する必要がなくなる
> ・　子育て世帯（保育所の機能が停止している場合等は特に）は，柔軟
> 　　な労務の提供が可能となる
> ・　通勤時間がなくなることから，時間に余裕が生まれる

　以上のように，有事とテレワークは非常に親和性が高く，一部のエッセンシャルワーカーを除いて，テレワークの機能を活用できていることは，事業を継続させるという観点からも有用な選択肢といえます。また，テレワークの機能を全く整備できていない場合は，求職者の印象や危機管理の観点からも不安要素であることは否定できません。

☕ちょっと休憩

コミュニケーションツール

　コミュニケーションツールの活用は，ベテラン層よりも若年層のほうが知識に長けていることが珍しくなく，若年層からベテラン層へのコミュニケーションツールのレクチャーを通して，社内の風通しが良くなる例は数多くあります。当然，平時のうちから世代を問わずに使いこなせるようになることは，有事の際の事業継続の観点からも強みといえます。

　対面での労務提供と異なり，コミュニケーションツールを活用した文字だけでのやりとりとなると，指示内容の先鋭化（尖った印象）は否めず，プラスαでの配慮が重要となります。また，対面会議の代替策として多用されているビデオ会議については，対面会議よりも出席者の顔（ビデオ会議であればマスク未着用でもマナー違反とまではいえない）がよく見えるという副次的な恩恵もあります。場所的なコストや移動時間が削減される点も，メリットといえるでしょう。

また，これらのコミュニケーションツールを活用するにあたっての連携や必要な考え方としては，プライバシーへの配慮が重要です。特にコロナ禍以降は，「リモハラ（リモートハラスメント）」というキーワードが各紙面を賑わせており，社会的な関心も高まっていることから，過度なプライバシーへの立ち入りは控えるべきです。

<教　訓>

　地震発生時に一斉に帰宅させてしまうと，救護活動の妨げや従業員自身にも危険が伴う可能性があります。

　帰宅ルールの設定等，平時のうちから従業員への周知と訓練を行っておくことで納得感を得られ，かつ，冷静な行動を促すことができます。

Ⅲ 自然災害時の社会保険制度の活用

- ・　労災保険の活用
- ・　雇用保険の活用
- ・　健康保険の活用

【失敗事例 17】

　ある従業員が社内の倉庫で作業をしていたとろ，地震が発生し，転倒してしまった。その際に腰を強打し，負傷したとの報告があった。

　業務中とはいえ，地震が原因であることから，労災保険は対象外であると回答した。

【注意点】　1　災害発生時＝労災保険対象外となるか

　　　　　　　2　社会保険制度の特例とは

　　　　　　　3　労災保険と健康保険の相違点とは

　原則として，地震が原因で被災した場合は「業務起因性」が否定され，労災保険からの給付がなされません。しかし，一定の危険な状況下であった場合は業務起因性が認められ，労災保険が適用されることもあります。労災保険（業務災害）が認められるには，「業務起因性」と「業務遂行性」の2つを満たす必要があります。

①　業務起因性……労働者が労働契約に基づいて事業主の支配下にある状態（仕事中の怪我であること）

②　業務遂行性……業務と傷病等との間に因果関係がある（仕事が原因での怪我であること）

　東日本大震災時に出された「東北地方太平洋沖地震に伴う労災保険給付の請求に係る事務処理について」（基労補発 0311 第 9 号・平成 23 年 3 月 11 日）に関連して，労災保険の請求などでよくある質問に対して「東北地方太平洋沖地

震と労災保険Q＆A」（事務連絡・平成23年3月24日）は，次のような内容
となっています。

・業務災害

　地震により、業務遂行中に建物の倒壊等により被災した場合にあっては、作業方法や作業環境、事業場施設の状況などの危険環境下の業務に伴う危険が現実化したものと認められれば、業務災害となる。

Q　仕事中に地震や津波に遭遇して、ケガをしたのですが、労災保険が適用されますか？

A　仕事中に地震や津波に遭い、ケガをされた（死亡された）場合には、通常、業務災害として労災保険給付を受けることができます。

　これは、地震によって建物が倒壊したり、津波にのみ込まれるという危険な環境下で仕事をしていたと認められるからです。

　「通常」としていますのは、仕事以外の私的な行為をしていた場合を除くためです。

Q　外回りの営業に出ていた従業員が地震や津波で死亡した場合、労災保険は適用されるのでしょうか？

A　事業場の外で勤務しているときに地震や津波に遭遇し、被災した場合には、その時に明らかに私的行為中でない限り、危険な環境で仕事をしていたとして業務災害と認められ、労災保険給付が受けられます。

・通勤災害

　業務災害と同様、通勤に通常伴う危険が現実化したものと認められれば、通勤災害となる。

Q　地震で電車が止まってしまったので、4時間歩いて家に帰りました。

その時にケガをした場合、通勤災害になりますか？

A　普段通勤に使用している電車等がその運行状況によって使用できずに、歩いて帰らざるを得ない状況であれば、通勤と認められます。

　　なお、この場合でも途中で逸脱や中断をした場合は通勤ではなくなりますので、気をつけてください。

Q　地震のため電車が動いておらず、職場で一晩とまってから翌朝帰宅しました。帰宅途中にケガをした場合、通勤災害になりますか。

A　電車が動かないというようなやむを得ない事情がある場合、職場に宿泊してから帰宅する際のケガは通勤災害として認定されます。

　　なお、この場合でも途中で逸脱や中断をした場合は通勤ではなくなりますので、気をつけてください。

【雇 用 保 険】

　事業所が被災した場合に備えて，いわゆる「激甚災害法」（正式には，激甚災害に対処するための特別の財政援助等に関する法律）に基づいた雇用保険の特例措置があります。事業所が被災したことで賃金の支払いができない場合でも，雇用保険から失業手当（正式には，基本手当，以下，失業手当）が支給される場合があります。

　「平成30年7月西日本豪雨等に伴う雇用保険の特例措置に関するQ＆A」（令和元年5月17日）では，激甚災害法の指定を受けた地域の事業所が災害を受けたことにより休止・廃止したために，労働者が休業を余儀なくされたときは，その労働者の休業開始日からから30日以内に「雇用保険被保険者休業証明書」を事業所管轄のハローワークに提出することが必要となります。ただし，30日以内に事業所管轄のハローワークへの提出が困難な場合には，30日を経過しても提出できることから，速やかに手続きを行うことが重要です。

　ハローワークに提出した「雇用保険被保険者休業証明書」の内容が確認された後，「雇用保険被保険者休業票－1」，「雇用保険被保険者休業票－2」が渡

されるので，速やかに労働者へ渡します。「雇用保険被保険者休業証明書」は，「雇用保険被保険者資格喪失届」および「雇用保険被保険者離職証明書」（ハローワークで配布しており，インターネットでダウンロードも可能）を用いて作成します。それぞれの書類の余白に「休業」（赤色）と表示をしたうえで，離職理由欄などに斜線を引き，事業所管轄のハローワークに届け出ます。

　事業所が被災したために事業所所轄のハローワークで手続きを行うことが困難な場合は，他のハローワークで手続きを行うこともでき，本社等が被災事業所に代わって手続きを行うことも可能です。その場合には，本社等は被災した事業所名で「雇用保険被保険者休業証明書」を作成し，本社等の所轄ハローワークに提出することとなります。

【健康保険】

　台風や地震などの大規模災害時には，「災害救助法」の指定を受けた地域に在住している者を対象に，医療機関等を受診したときに一部負担金の減免が行われる場合があります。「平成30年北海道胆振地方中東部を震源とする地震による被災者に係る被保険者証等の提示等について」（平成30年9月6日）では，被保険者が被保険者証等を紛失あるいは家庭に残したまま非難していることにより，保険医療機関等に提示できない場合等も考えられることから，この場合においては氏名，生年月日，連絡先（電話番号等），被用者保険の被保険者にあっては事業所名，国民健康保険または後期高齢者医療制度の被保険者にあっては住所（国民健康保険組合の被保険者については，これらに加えて組合名）を申し立てることにより，受診できる取扱いとされています。

＜教　訓＞
　「災害発生時」は，原理原則だけでなく，そもそもイレギュラーであるという認識を持ちながら，関係省庁等の発表にも目を向けて対応していくことが重要です。

Ⅳ 派遣労働者

- ・　休業手当の支払い問題
- ・　労働者派遣契約の打ち切りと他の選択肢

【失敗事例 18】

　災害が発生し，まずは派遣労働者を休業させることとなったが，休業発生事由が不可抗力であることから，休業手当は支払う必要なしとしている。

【注意点】 1　派遣労働者に対する休業手当問題

　　　　　　 2　労働者派遣契約を打ち切る場合

　　　　　　 3　その他の選択肢

　「使用者の責に帰すべき事由」に当たるか否かの判断は，派遣元事業主（派遣会社）についてなされます。また，派遣先の事業場が天災事変等の不可抗力によって操業できない場合であっても，必ずしも「使用者の責に帰すべき事由」に当たらないとはいえず，派遣労働者を「他の事業場に派遣する可能性等」も含めて使用者の責に帰すべき事由に当たるか否かが判断されます。

　派遣元事業主には，雇用調整助成金の対象となるかの模索や，「派遣元事業主が講ずべき措置に関する指針」（令和 2 年厚生労働省告示第 346 号）に基づき，派遣先と連携して新たな就業機会の確保や新たな就業機会の確保が困難な場合でもまず休業等を行い，派遣労働者の雇用の維持を図ることが求められます。

【労働者派遣契約打ち切り】

　事業活動に甚大な被害が及び労働者派遣契約を打ち切る場合は，次のような点に留意すべきです。

　まずは，労働者派遣契約の内容にもよりますが，中途解約の規定があればそ

の規定に従って解約することとなります。しかし，派遣先事業主は，自社の都合により中途解約する場合は，労働者派遣法第29条の2により，新たな就業の機会の確保や休業手当等の支払いに要する費用を確保するための負担等の措置を講じなければなりません。この規定は，派遣先からの中途解約の申し出であれば適用範囲内であることはもとより，地震などの災害発生時に附随した経済上の理由によって中途解約する場合にも，同法で規定する措置が必要となります。

　しかし，地震等の影響で派遣先の事業場自体が倒壊してしまった場合，それに附随して原材料の調達が不可能となった場合や，事業の継続は困難であるといわざるを得ない場合は，派遣先の責に帰すべき事由はなく，休業手当等の支払い負担等の措置を講ずる必要はないと考えられます。しかし，関連会社での就業機会を斡旋することが可能であれば，派遣労働者の新たな就業機会の確保を図ることが必要です。

【一時的な派遣停止】

　中途解約という選択はせず，一時的に労働者派遣を停止するという選択肢です。その場合は，操業再開までの目途にもよりますが，停止期間中の取り決めができている場合はその取り決めに従うこととなり，ない場合は派遣先事業主と派遣元事業主の間での話し合いとなります。

> ＜教　訓＞
> 　雇用の調整弁である派遣労働者であっても労働者派遣契約で定める内容や関係法令等にアンテナを張り，派遣元事業主と協議し，誠実に対応することが必要です。

第6章

妊産婦への対応

I 産前産後休業

- ・ 取 得 時 季
- ・ 自然分娩と帝王切開時
- ・ パート，アルバイト

【失敗事例 19】

　帝王切開による出産予定の従業員から，産前休業の請求があった。

　そこで，帝王切開での手術日を起点として産前産後休業の期間を計算して，従業員および担当上司に回答し，社会保険の手続きも進めた。

【注意点】 1　産前産後休業の取得は，いつからになるのか

　　　　　 2　自然分娩と帝王切開の相違点

　　　　　 3　労働法と社会保険法での考え方

　産前産後休業の期間を確認します。使用者は，6週間以内（多胎妊娠の場合は14週間以内）に出産する予定の女性が休業を請求した場合においては，その者を就業させてはなりません（産前の就業制限・労働基準法第65条1項）。

　使用者は，産後8週間を経過しない女性を就業させてはなりません。ただし，産後6週間を経過した女性が請求した場合において，その者について医師が支

障ないと認めた業務に就かせることは差し支えありません（産後の就業制限・労働基準法第65条2項）。

　よって，「産前」は，女性労働者の請求があれば，就業させてはなりません。「産後」は，女性労働者が請求しなくても就業させてはなりません。ただし，産後6週間を経過した女性労働者が請求し，かつ，医師が支障ないと認めた場合に限り，就業させることは問題ありません。

　出産日の当日は，「産前休業」に含まれます。産後6週間は，請求の有無にかかわらず強制的に「就業禁止期間」となります。例えば，出産日当日まで就業していて夕方に産まれた場合は，出産日当日を産後休業としてしまうと，強制休業期間中に就業させていたため違法が成立してしまうことから，出産日当日は産前と解釈します。

＜参　考＞

○　産前産後休業の出産の範囲（昭和23年基発1885号）

　　出産は妊娠4か月以上（85日以上）の分娩とし，死産も含まれる。

　（1か月を28日として計算するため，妊娠4か月以上は28日×3＋1日＝85日以上となる）

○　出産当日の扱い（昭和25年基収4057号）

　　産前6週間に含まれる。分娩予定日よりも遅れて出産した場合の予定日から出産当日までの期間は，産前の休業期間に含まれる。

【軽易業務への転換】

> **労働基準法第65条3項**
> 3　使用者は，妊娠中の女性が請求した場合においては，他の軽易な業務に転換させなければならない。

　この規定は，「妊娠中の女性」が請求した場合には他の軽易な業務に転換させなければならないとしていますが，使用者として新たに軽易な業務を創設して与える義務までを課したものではありません（昭和61年基発151号，婦発69号）。

【妊産婦の就業制限】

　妊産婦が請求した場合には，変形労働時間制（1か月単位，1年単位，1週間単位）の規定にかかわらず法定労働時間（週40時間・1日8時間）を超えて働かせてはなりません。また，同じく，妊産婦から請求があった場合には，非常災害により臨時の必要がある場合（労働基準法第33条1項），公務のため臨時の必要がある場合（労働基準法第33条3項），３６協定を締結している場合（労働基準法第36条1項）であっても，時間外労働，休日労働をさせてはなりません。そして深夜業も，妊産婦から請求があった場合には，就業を命じることはできません。

　　＊　フレックスタイム制は，元々労働者にとって有利な制度であることから，妊産婦の就業制限の対象となっていません。

【育児休業と産前産後休業での相違点】

　育児・介護休業法では，労使協定により育児休業対象者を対象外（例えば雇用された期間が1年未満）にすることができます。しかし，産前産後休業は労働基準法において「母体保護」を目的に規定されており，産前であれば女性労働者から請求があれば雇用されている期間に関係なく取得でき，産後休業であれば雇用されている期間に関係なく，かつ，請求がなくても休業させなければなりません。

　よくあるご相談で，転職直後に妊娠が判明し，産前産後休業を育児休業と誤認して雇用された期間が1年未満であることをもって取得させないとした場合には違法となりますので，育児休業と産前産後休業は分けて考える必要があります。

【自然分娩と帝王切開の相違点】

　産前休業の起算日については，自然分娩と帝王切開の場合では，どのように整理すればよいのかです。産前休業の起算日について労働基準法上の考え方は，「自然分娩での出産予定日」を起算日として産前6週間としています。帝王切開を予定している場合の手術日ではありません。よって法律上は，医師の判断で帝王切開を行う場合であっても，自然分娩の予定日を起算にするという解釈

です。しかし，労働基準法は「最低基準」であることから，自然分娩での予定日よりも帝王切開の手術日のほうが早い場合は，帝王切開の手術日を起算日として産前休業としても違法とはなりません。それは，労働者にとって不利にはなっていないためです。これらの取扱いは，就業規則に明記しておくことで，その都度，取扱いに疑義が生じることは少なくなるでしょう。

一方で，自然分娩での予定日より帝王切開の手術日のほうが遅い場合は，帝王切開の手術日から起算して産前休業を考えてしまうと法を下回ることとなる（自然分娩での予定日よりも起算日が遅くなることから，産前休業の開始日が後ろになってしまう）ために違法となります。しかし，社会保険では，産前産後休業期間中は社会保険料が労使双方免除となり，かつ，帝王切開日ではなく，自然分娩での予定日を起算して産前休業を考えます。

帝王切開であっても自然分娩であっても，「予定」であることには変わりありませんが，原則として自然分娩での予定日を起算日として産前6週間を考えることとなります。産後8週間については，「出産日の翌日」から8週間と考えます。よって，出産日が確定してからとなり，自然分娩と帝王切開で解釈が分れることはありません。

【パート，アルバイトの妊産婦対応】

パート，アルバイトであっても産前休業は請求可能であり，産後休業は請求すら不要です。社会保険では，労働時間数によっては採用の時点で社会保険が適用除外となる場合もありますが，労働基準法で規定する産前産後休業については，パート，アルバイトのため，労働時間が短い従業員であっても対象となります。

＜教　訓＞

帝王切開であっても，産前休業は，原則として自然分娩での出産予定日から起算して考えます。

特に，自然分娩での出産予定日と帝王切開の手術日が月末と密接している場合は，社会保険料免除開始月が誤って伝わる可能性もあり，注意が必要です。

Ⅱ　育児休業

- ・　対　象　者
- ・　就業規則の整備
- ・　不利益取扱い

> **【失敗事例 20】**
>
> 　育児休業から復帰した女性労働者については，年次有給休暇 5 日時季指定義務の対象から外して管理している。
>
> 　この女性労働者は，復帰後に育児短時間勤務制度を活用しており，労務担当者が年次有給休暇の 5 日時季指定義務対象外とした対応について「不利益取扱いである」と主張した。
>
> **【注意点】** 1　育児休業復職者と年次有給休暇 5 日時季指定義務との関係
>
> 　　　　　 2　育児短時間勤務制度
>
> 　　　　　 3　不利益取扱い

　2019 年 4 月 1 日施行の改正労働基準法（前年 7 月の「働き方改革関連法」により改正）では，年次有給休暇が年 10 日以上付与される労働者に対して年 5 日の時季指定が義務化されています。使用者側からの時季指定，計画的付与，労働者側からの時季指定は，いずれも 5 日から控除することが可能です。そこで，育児休業取得者が復帰した場合の年次有給休暇の 5 日時季指定義務については，次のように考えるべきです。

　厚生労働省の「年 5 日の年次有給休暇の確実な取得　わかりやすい解説」（2019 年 3 月）によると，年度の途中に育児休業から復帰した場合であっても，年 5 日の年次有給休暇を確実に取得させる必要があるとされています。ただし，残りの期間における労働日が時季指定すべき年次有給休暇の残日数より少なく，年 5 日の年次有給休暇を取得させることが不可能な場合にあっては，その限り

ではありません。また，年次有給休暇の5日時季指定義務は，時季指定しただけでは法を順守したことにはならず，実際に取得させなければなりません。また，半日単位の取得は0.5日として5日から控除することはできますが，時間単位での取得は5日から控除することはできません。そこで，就業規則の整備が鍵となります。

[規　定　例]

当社における年次有給休暇の時季指定

1．当社が年次有給休暇の時季を定めようとするときは、その時期については当該職員の意見を聴くものとし、当社は当該意見を尊重するよう努めるものとする。

2．前項の意見聴取は、基準日から6か月を経過した時点において、年次有給休暇の日数が5日に満たない者に対して行う。

3．前項にかかわらず取得希望日に沿った時季指定が困難な場合は、職員と面談のうえ、時期を決定する。また、当社が時季指定した日に年次有給休暇を取得することが困難な事情が生じたときは、職員と面談のうえ、代替の日を決定する。

このような規定を整備しておくことで，年次有給休暇の取得が5日に満たない労働者に対して，会社側から時季指定することができる根拠規定となります。

【育児短時間勤務制度とは】

育児・介護休業法（正式には，育児休業，介護休業等育児又は家族介護を行う労働者の福祉に関する法律）で規定する制度であり，以下のすべてに該当する労働者が対象となります。端的には，育児のために所定労働時間を短縮させる制度です。

・　3歳未満の子を養育する労働者であること

・　1日の所定労働時間が6時間以下でないこと[*1]

・　日々雇用される者でないこと

- 短時間勤務制度が適用される期間に現に育児休業をしていないこと
- 労使協定により適用除外とされた労働者でないこと＊2

＊1　1箇月または1年単位の変形労働時間制を採用している場合は，すべての労働日の労働時間が6時間以下であることをいい，平均した場合の1日の所定労働時間をいうものではありません。

＊2　・　当該事業主に引き続き雇用された期間が1年未満の労働者
　　　・　1週間の所定労働日数が2日以下の労働者
　　　・　業務の性質又は業務の実施体制に照らして短時間勤務制度を講ずることが困難と認められる業務に従事する労働者

　労使協定により適用除外とされた労働者であり，かつ3歳未満の子を養育する者について育児短時間勤務制度を講じない場合は，厚生労働省令で定めるところにより，労働者の申し出に基づく育児休業に関する制度に準ずる措置またはフレックスタイム制により労働させることその他の当該労働者が就業しつつ子を養育することを容易にするための措置（始業時刻変更等の措置）を講じなければなりません。具体的には，フレックスタイム制，始業・終業時刻の繰り上げ繰り下げ，託児施設の設置運営等のいずれかの措置となります。

　育児短時間勤務制度の手続きの方法については，事業主の裁量で決定できますが，労働者の過重な負担とならないような配慮が必要です。当然，あまりにも複雑な手続きとしてしまうと，労務担当者にとっても負担となるでしょう。この制度は，3歳までは義務であるものの，3歳以降については義務ではないことから，企業によって対応は異なります。

【不利益取扱い】

　育児・介護休業法第10条では，「不利益取扱いの禁止」として，次の規定が設けられています。

> 　事業主は，労働者が育児休業申出をし，又は育児休業をしたことを理由として，当該労働者に対して解雇その他不利益な取扱いをしてはならない。

　男女雇用機会均等法（正式には，雇用の分野における男女の均等な機会及び待遇の確保等に関する法律）でも不利益取扱い禁止の条文が整備されています

が，不利益取扱いの判断要素となっている「理由として」とは，妊娠・出産・育児休業等の事由を「契機として」不利益取扱いを行った場合は，原則として「理由として」いる（事実と不利益取扱いに因果関係あり）と解され，法違反となります。具体的には，妊娠・出産・育児休業等の事由の終了から「1年以内」に不利益取扱いがなされた場合は，「契機として」いると判断されます。しかし，事由の終了から1年を超えている場合であっても，実施時期が事前に決まっている，または定期的になされる措置（人事異動，人事考課，雇止めなど）については，事由の終了後の最初の当該措置の実施までの間に不利益取扱いがなされた場合は，「契機として」いると判断されます。

　しかし，次の例外にあてはまる場合は，法違反とはなりません。

　例外1……業務上の必要性から不利益取扱いせざるを得ず，業務上の必要性が当該不利益取扱いにより受ける影響を上回ると認められる特段の事情が存在するとき

　例外2……労働者が当該取扱いに同意している場合で，有利な影響が不利な影響の内容や程度を上回り，事業主から適切に説明がなされるなど，一般的な労働者なら同意するような合理的な理由が客観的に存在するとき

＜教　訓＞

　いわゆるマタハラ問題は，社会的にも注目されており，退職を招くことに留まらず，レピュテーションリスクとして，その後も企業にとってはマイナスとなることから，慎重な対応が求められます。

　よって，必要に応じて外部専門家と連携するなどの対策を講ずることが適切です。

［妊娠・出産・育児休業等を理由として不利益取扱いを行うとは］

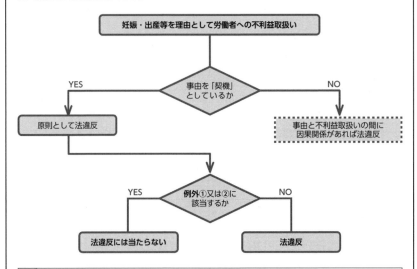

妊娠・出産・育児休業等を理由として不利益取扱いを行うとは

妊娠・出産・育児休業等の事由を「契機として」不利益取扱いを行った場合は、例外に該当する場合を除き、**原則として法違反**となります。

妊娠・出産等を理由として労働者への不利益取扱い

事由を「契機」としているか

YES → 原則として法違反

NO → 事由と不利益取扱いの間に因果関係があれば法違反

例外①又は②に該当するか

YES → 法違反には当たらない

NO → 法違反

例外①	○業務上の必要性から不利益取扱いをせざるをえず、 ○業務上の必要性が、当該不利益取扱いにより受ける影響を上回ると認められる特段の事情が存在するとき
例外②	○労働者が当該取扱いに同意している場合で、 ○有利な影響が不利益な影響の内容や程度を上回り、事業主から適切に説明がなされる等、一般的な労働者なら同意するような合理的な理由が客観的に存在するとき

★ （参考）最高裁第1小法廷　平成26年10月23日　事件番号：平成24（受）第2231号

＜事案の概要＞
　医療機関に勤めていた理学療法士の女性が、妊娠した際に軽易業務への転換を請求したことを理由に副主任を免じられたことについて、妊娠等を理由とする不利益取扱いに当たるとして提訴。

＜結果＞
　最高裁の判決においては、軽易業務転換を契機として降格させる措置は、特段の事情等がない限り、原則として、男女雇用機会均等法が禁止する不利益取扱いに当たると判示。

出所：厚生労働省

Ⅲ 妊産婦の労務管理

- ・ 妊産婦とは
- ・ 産 休 前
- ・ 復 帰 後

【失敗事例 20】

妊娠中の女性従業員から健康診査を受けるために定時退社の申し出があったが，繁忙期であることを理由にその申し出を拒み，就労を命じた。

【注意点】 1　妊産婦とは

2　労働基準法と男女雇用機会均等法上での定め

3　産休前と復帰後の労務管理

妊産婦とは，妊娠中の女性及び産後 1 年を経過しない女性のことです。妊産婦から請求があった場合には，時間外労働，休日労働，深夜労働を命じることができません（労働基準法第 66 条）。

【産休前の労務管理】

男女雇用機会均等法第 2 条の 4 では，雇用する女性労働者が保健指導または健康診査を受けるために，「必要な時間を確保することができるようにしなければならない。」と規定されています。

女性労働者が「妊娠中」である場合は，次の表の妊娠週数の区分に応じ，期間以内ごとに 1 回，必要な時間を確保することができるようにしなければなりません。ただし，医師又は助産師がこれと異なる指示をしたときは，その指示するところにより，必要な時間を確保することができるような対応が求められます。

妊娠週数	期間
妊娠 23 週まで	4 週
妊娠 24 週から 35 週まで	2 週
妊娠 36 週から出産まで	1 週

　女性労働者が出産後 1 年以内である場合にあっては，医師または助産師が保健指導または健康診査を受けることを指示したときは，その指示するところにより，必要な時間を確保することができるような対応が求められます。この義務は，派遣先事業主にも適用されます（労働者派遣法第 47 条の 2）。

　また努力規定ですが，男女雇用機会均等法第 13 条では，事業主が講ずべき措置として，次の規定が明記されています。

男女雇用機会均等法第 13 条（妊娠中及び出産後の健康管理に関する措置）

　事業主は，その雇用する女性労働者が前条の保健指導又は健康診査に基づく指導事項を守ることができるようにするため，勤務時間の変更，勤務の軽減等必要な措置を講じなければならない。

　具体例として，次の措置があります。

①　妊娠中の通勤緩和（時差通勤，勤務時間の短縮等の措置）

②　妊娠中の休憩に関する措置（休憩時間の延長，休憩時間の増加等の措置）

③　妊娠中または出産後の症状等に対応する措置（作業の制限，休業等の措置）

　また，事業主が母性健康管理の措置を適切に講ずることができるように，女性労働者に対して「母性健康管理指導事項連絡カード」が出されています。これは，事業主に対して医師等の指導事項を的確に伝えるためのものです。

【不利益取扱いの禁止】

　男女雇用機会均等法第 9 条（婚姻，妊娠，出産等を理由とする不利益取扱いの禁止等）では，事業主は，女性労働者が婚姻し，妊娠または出産・産前産後

休業の取得，妊娠中の時差通勤など男女雇用機会均等法による母性健康管理措置や深夜業免除など労働基準法による母性保護措置を受けたことなどを理由として，解雇その他不利益取扱いをしてはなりません。妊産婦である女性労働者に対してなされた解雇は，無効とされます。ただし，事業主が告げた解雇が同法９条に規定する理由での解雇でないことを証明した場合は，この限りではありません。「不利益取扱い」については，次のものが該当します。

- ・　解　雇
- ・　有期雇用労働者に対して契約更新をしないこと
- ・　予め契約更新回数の上限が明示されている場合にその回数を引き下げること
- ・　退職を強要すること
- ・　正規社員から非正規社員への転換を強要すること
- ・　降格させること
- ・　就業環境を害すること
- ・　不利益な自宅待機を命じること
- ・　減給，賞与等において不利益な算定を行うこと
- ・　昇進，昇格の人事考課において不利益な評価を行うこと
- ・　派遣労働者として就業する者について派遣先が役務の提供を拒むこと

【復帰後の労務管理】

　多くの場合には，産前産後休業取得後に育児休業を取得し，復帰することとなりますが，子が１歳未満で復帰することもあるでしょう。そこで，育児時間として，次の規定があります。

労働基準法第67条（育児時間）
　生後満１年に達しない生児を育てる女性は，第34条の休憩時間のほか，１日２回各々少なくとも30分，その生児を育てるための時間を請求することができる。
2　使用者は，前項の育児時間中は，その女性を使用してはならない。

　育児時間は，休憩時間とは別に与える必要があり，生児とは女性が出産した子であるか否かを問いません。1 日の労働時間が 4 時間以内であるような場合には，1 日 1 回，少なくとも 30 分の育児時間をその請求によって与えれば足りるとされています（昭和 36 年基収 8996 号）。そして，育児時間中の賃金について有給とするか無給とするかは，当事者の合意によります（昭和 33 年基収 4317 号）。

<教　訓>

　妊産婦の労務管理は，通常の労働者と同様に行ってしまうと，違法となってしまう場合があります。妊娠判明，産前 6 週，出産日，産後 8 週，子の 1 歳到達などと，時系列上で整理すると漏れがなく対応できます。

☕ちょっと休憩

男性の育児休業

　近年男性の育児休業取得率が上昇しています。厚生労働省の「令和元年度雇用均等基本調査」（令和 2 年 7 月 31 日公表）における性別での取得状況は，次のとおりです。

育児休業取得者の割合（事業所調査）

女性：83.0%（平成 30 年度 82.2%）
男性：7.48%（平成 30 年度 6.16%）

　男性については，依然として女性には遠く及ばないものの，統計開始後過去最高を記録しています。政府目標としては，2025 年に「男性の育休取得率を 30%」を掲げていますが，険しい道のりであることは間違いありません。我が国の男性育児休業は，国連児童基金（ユニセフ）の 2019 年の調査では，給付期間などのランク付けで 41 か国中 1 位という結果でした。

　しかし，実際の取得率は 7 ％程度であり，かつては日本並みに低水準であったドイツは 30 ％を超えています。男性育休の特徴は，次の 3 点があります。

- ・ パパ休暇……妻の産後休業中に取得すると，夫は2回目の取得が可能です（1回目をパパ休暇と呼びます）。
- ・ パパママ育休……原則として子が1歳までの育児休業は夫婦で取得すると，1歳2か月まで取得も可能です。
- ・ 配偶者が専業主婦であっても取得可能

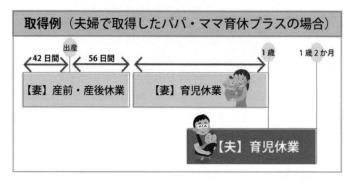

出所：厚生労働省

給付制度については，後述します（111ページを参照）。そして，近年はパパ，ママ問わず，育児休業取得に関連した助成金も多く創設されています（詳細割愛）。

Ⅳ 妊産婦の社会保険制度の活用

・　妊産婦の雇用保険の活用

・　妊産婦の健康保険，厚生年金の活用

【失敗事例 21】

　従業員の女性が，第 1 子の育児休業中に第 2 子の妊娠が判明した。育児休業給付金と出産手当金は併給できるかとの質問に対して，併給できないと回答した。

【注意点】　1　産前産後休業，育児休業中の給付制度には，どのようなものがあるのか

　　　　　　　2　給与が支給される場合は，支給額に影響は出るのか

　　　　　　　3　第 1 子の育児休業中に第 2 子の産前産後休業が始まった場合には

　結論としては，併給できます。まずは，当該期間中に請求される給付の要件を確認します。妊娠が判明し，産前休業に入るタイミングで給与が無給となる会社も多くあります。ここでは出産手当金が支給対象となりますが，以下の要件のすべてに当てはまっていれば支給されます。

【出産手当金（健康保険）】

● 支 給 要 件

・　健康保険の被保険者であること

・　妊娠 4 か月（85 日）以上の出産であること

・　労務に服していないこと

・　給与の支払いがないまたは出産手当金の支給額より少ないこと

● 支給対象期間

　出産の日以前 42 日（多胎妊娠の場合は 96 日）から出産の日後 56 日まで

の間で労務に服さなかった期間

● 1日当たりの支給額

$$\left(\begin{array}{l}\text{支給開始日以前の継続した 12 月間}\\\text{の各月の標準報酬月額の平均額}\end{array}\right) \div 30 \times \frac{2}{3}$$

* 「支給開始日以前の期間が 12 か月未満」の場合は，次のいずれかを比べて少ない額で計算されます。
  (1) 支給開始日の属する月以前の継続した各月の標準報酬月額平均額
  (2) 30 万円（今後変更される場合あり・平成 31 年 3 月 31 日以前は 28 万円）

産前産後休業期間中に給与の支払いがある場合において，給与が出産手当金よりも少ない場合は，出産手当金と給与との差額が出産手当金として支給されます。

「退職してしまった場合には，出産手当金は受給できないのか。」という疑問については，次の要件にあてはまっている場合には支給されます。

・ 資格喪失日の前日までに被保険者期間が継続して 1 年以上あること
・ 資格喪失日の前日までに出産手当金の支給を受けているまたは受けられる状態*であること
    * 健康保険の被保険者であること，退職日に出勤していないこと（有給休暇により給与が支給されている場合であっても問題ありません（有給休暇の日は手当金の支給自体は対象外））。

【出産育児一時金（健康保険）】

健康保険の被保険者が出産したときは，出産育児一時金が支給されます。出産育児一時金が支給される「出産」とは，妊娠 4 か月以上の出産に限られます。妊娠 1 月は 28 日で計算することから，妊娠 4 か月以上とは妊娠 85 日以上を指します。また，妊娠 4 か月以上の出産であれば生産，死産，流産（人工流産を含む）または早産を問わず，出産育児一時金が支給されます。

● 支 給 額

一児につき 40 万 4,000 円（産科医療補償制度に加入する病院等で一定の要件に当てはまる場合は 1 万 6,000 円の加算あり）

＊　流産および人工妊娠中絶は制度対象分娩に該当しないため，40 万 4,000 円

＊　出産育児一時金は直接支払制度（医療機関等が保険者に対して手続きを行う）か受取代理制度（被保険者が手続きを行う）かにより手続きが異なります。

【育児休業給付金（雇用保険）】

　育児休業を取得する雇用保険の一般被保険者で育児休業開始日前 2 年間に賃金支払基礎日数が 11 日以上ある月が 12 か月以上ある者

● 　支給対象期間

　産後休業が終了した翌日から原則として子が 1 歳に達する日の前日（誕生日の前々日）までの間（男性は出産日当日から対象）

● 　支　給　額

　休業開始時賃金日額×支給日数×給付率＊

　　＊　給付率……休業開始日から 180 日：67%，181 日目以降：50%

● 　支給単位期間に就労する場合

　就労日数 10 日以下……支給対象

　就労日数 11 日以上かつ就労時間 80 時間以下……支給対象

　就労日数 11 日以上かつ就労時間 80 時間超……支給対象外

● 　賃金との関係

（休業開始日～ 180 日）

賃金が休業開始時賃金日額×支給日数の

$$\begin{cases} 13\%\text{以下：67\%相当額} \\ 13\%\text{超 80\%未満：80\%相当額と賃金の差額} \\ 80\%\text{以上：支給対象外} \end{cases}$$

（181 日目以降）

賃金が休業開始時賃金日額×支給日数の

$$\begin{cases} 30\%\text{以下：50\%相当額} \\ 30\%\text{超 80\%未満：80\%相当額と賃金の差額} \\ 80\%\text{以上：支給対象外} \end{cases}$$

* 　休業開始時賃金日額……育児休業開始前6か月間の給与を180日で割った金額
* 　支給単位期間……育児休業を開始した日から起算して1か月ごとの期間（その
　　1か月の間に育児休業終了日を含む場合は育児休業終了日までの期間）。

【社会保険料免除（健康保険・厚生年金）】

　産前産後休業または育児休業開始月分から終了する日の翌日が属する月の前月分までが労使ともに免除となります。また，将来受け取る年金額の計算においても，免除期間は保険料納付済期間と同様の扱いとなります（年金額計算において免除期間を保険料未納期間として計算することはありません）。

　第1子の出産育児一時金と第2子の出産手当金が併給できる理由として，出産育児一時金は「育児休業中」であることが前提です。よって，第2子の産前休業を取得してしまうと育児休業給付金は終了となってしまいますが，産前休業は女性労働者の「請求」によることから，産後休業と異なり強制ではありません。

　また，出産手当金は「労務に服していないこと」が要件です。よって，出産手当金は育児休業給付金と異なり産前休業中が前提でないことから，第2子の産前休業期間も第1子の育児休業を継続することで，育児休業給付金と第2子の出産手当金が併給できるということです。第2子の産前休業を選択してしまうと第1子の育児休業中という要件を満たさなくなってしまうことから，育児休業給付金は支給されなくなります。そして，産後休業については，強制休業期間であることから，併給ができません（出産手当金のみ受給可能）。

＜教　訓＞

　社会保険制度は複雑な仕組みであり，また，頻繁に法改正が入ります。

　行政機関や外部専門家を活用しながら，本来受けられる給付であれば，正しく受け取れるよう管理していきましょう。

第7章

退　　　　職

I 退　　　職

- ・　手続きについて
- ・　退職願と退職届の違い
- ・　労働者から撤回を求められた場合
- ・　解雇との違い

【失敗事例 22】

　業務時間中に，私的な電話や業務とは無関係なインターネット検索をしている姿がたびたび目撃される従業員がおり，1度注意したものの改善の兆候が見られなかった。その後，その従業員から退職の意思表示があったが，3日後に撤回する旨の申し出があったことから撤回に応じたものの，その後も以前からの行動に改善は見られず，以下の対応を行った。

人事部長　「君の行動については都度報告を受けているが，我が社ではなく，他の会社に就職したほうが活躍できるのではないか。」

従 業 員　「それは解雇ということですか。」

人事部長　「解雇ではない。あくまで退職勧奨だ。」

従 業 員　「実質的には解雇と同じではないでしょうか。労働者として退

　いわゆる問題社員の対応は，放置しておくことで他の従業員の士気にも影響
を与えることが少なくありません。

　本事例では１度退職の意思表示がありましたが，そもそも撤回することは可
能なのかについて，判例を参考に確認します。従業員の退職の意思表示の有効
性は，退職願を受理した役職者次第という判例（大隈鉄工所事件：最高裁・昭
和62年９月18日）です。

　本事件は，大学卒業後に入社した２人の同期社員ＡとＢは民青活動を行っ
ており，Ｂが社員寮に戻らず行方不明となってしまった。Ａは人事担当者から
Ｂの失踪について質問を受けたが心当たりなく，民青活動のことも報告しな
かった。その後，人事部長はＡを呼んで民青活動の資料を見せながらＢのこ
とを質問すると茫然自失状態となり，退職を申し出た。人事部長は，民青活動
を理由に退職する必要はない旨を話したが聞き入れないことから，退職願を交
付し，Ａはその場で提出し受領された。しかし，Ａは翌朝になり，退職願を
撤回する申し出をしたものの会社は拒絶し，争いとなりました。

　通常，入社に際しては退職と異なり，入社試験（筆記や面接）を行い，その
結果を総合的に勘案して採用を決定します。労働者の採用は労働者の学歴，経
歴，正確等，会社として十分な知識があるとはいえないなかでの決断であるこ
とから，人事部長が最終決定権者とすることは必ずしも適切とは断言できませ
ん。

　しかし，退職願の承認は採用と異なり，採用後の人物や実績，能力等，一定程度掌握している人事部長に退職承認の判断をさせ，最終決定する権限を与えても不合理とはいえません。また，退職願の決定権者の欄には，人事部長の決裁をもって最終のものとする記載があることから，人事部長がAの退職願を受理したことをもって合意解約が成立したと解するのが当然とされました。

【辞職と合意退職】

　似て非なるものとして，「辞職」と「合意退職」があります。

　「辞職」とは，労働者からの一方的な意思表示で労働契約を解消することです。辞職の場合は，一度意思表示をすると撤回することはできません。まず，「撤回」とは，意思表示をした者がその意思表示の効果を将来に向かって消滅させることです。「退職届」として一方的に労働契約の解消を告知する場合は，撤回はできません。

　「合意退職」とは，労働者と使用者が合意して労働契約を解消することをいいます。合意退職の場合は，労働者が申し出て使用者が合意した場合には，その意思表示が労働者に到達するまでは申し出を撤回することが可能です。「退職願」として，会社に対して退職の意思があることを明らかにしている状態であり，これは願い出ている状態であることから，会社の承認前であれば撤回可能です。当然，撤回により意思表示の効果がなくなれば，会社は合意解約の承認はできません。

　しかし，労働者の合意解約申し込みの撤回は事由に行い得るものかという問題があります。そこで，民法第524条および第525条を確認します。

民法第524条（遅延した承諾の効力）
　申込者は，遅延した承諾を新たな申込みとみなすことができる。
民法第525条（承諾の期間の定めのない申込み）
　　承諾の期間を定めないでした申込みは，申込者が承諾の通知を受けるのに相当な期間を経過するまでは，撤回することができない。ただし，申込者が撤回をする権利を留保したときは，この限りでない。
　2　対話者に対してした前項の申込みは，同項の規定にかかわらず，その対話が継

続している間は，いつでも撤回することができる。
3　対話者に対してした第1項の申込みに対して対話が継続している間に申込者が承諾
　の通知を受けなかったときは，その申込みは，その効力を失う。ただし，申込者が
　対話の終了後もその申込みが効力を失わない旨を表示したときは，この限りでない。

　辞職と合意退職の効果が知られていることは稀です。実務上は話し合いにより進められていくことが一般的ですが，一時的な感情により行動を起こしてしまうと労使双方に不利益となる場合がある点はおさえておくべきです。

【撤回を認めた判例】

　撤回を認めた判例には，次の2つがあります。

田辺鉄工所事件（大阪地裁・昭和48年3月6日）
　従業員の合意退職申し入れの撤回については，労働契約関係が継続的契約関係にあり，日々の指示就労を介して人的にも強く結びついている関係であることに鑑みれば民法521条以下をそのまま適用し難く，合意退職の申し入れの撤回を認めています。

大隈鉄工所事件（二審）（名古屋高裁・昭和56年11月14日）
　合意解約の申し込み撤回は使用者が承諾の意思表示をし，雇用契約終了の効果が発生するまでは使用者に不測の損害を与える等の信義則に反する特段の事情がない限り，労働者の自由に行い得るものであるとしています。

【就業規則上の定め】

　実務上は，退職願（または退職届）は取得しておくべきですが，就業規則において退職の際に退職願（または退職届）を使用者に提出することを従業員の義務として明記してある場合や，口頭で従業員から退職の意思表示があった場合でも，提出前の段階では撤回可能となります。

【退職勧奨】

　「退職勧奨」とは，使用者側から労働者に対して退職の働きかけを行うことです。あくまで働きかけであり，応じるか否かは労働者次第となります。また，

連日のように長時間行ってしまうと退職勧奨と称した退職強要となってしまい問題となります。退職勧奨を行う場合は「合意書」を作成しておくなどの準備が必要であり，かつ，必要な内容を記載しておかなければなりません。

[合意書の記載内容例]

- 雇用関係はいつをもって終了するのか
- （＋αとして）退職に関する金銭を支給するか
- 合意書で定めるものの他に債権債務関係がないことを確認する

【解　　雇】

「解雇」とは，使用者側からの一方的な意思表示であり，労働者に選択の余地はありません。退職勧奨と異なり，判例により確立された「解雇権濫用法理」や労働者の保護を目的に労働基準法等でも定めがあります。

労働基準法第20条（解雇の予告）

　　使用者は，労働者を解雇しようとする場合においては，少なくとも30日前にその予告をしなければならない。30日前に予告をしない使用者は，30日分以上の平均賃金を支払わなければならない。但し，天災事変その他やむを得ない事由のために事業の継続が不可能となった場合又は労働者の責に帰すべき事由に基いて解雇する場合いおいては，この限りでない。

2　前項の予告の日数は，1日について平均賃金を支払った場合においては，その日数を短縮することができる。

3　前条第2項の規定は，第1項但書の場合にこれを準用する。

（労働基準法第20条1項ただし書）

①　天災事変その他やむを得ない事由のために事業の継続が不可能となった場合

②　労働者の責に帰すべき事由に基づいて解雇する場合

①・②いずれも所轄労働基準監督署の認定が必要（第19条2項）

労働契約法第16条（解雇）

　解雇は，客観的に合理的な理由を欠き，社会通念上相当であると認められない場合は，その権利を濫用したものとして，無効とする。

端的には，解雇をする場合は，解雇しようとする日の30日以上前に予告する必要があり，30日前に予告できなかった場合は，「解雇予告手当」を支払う

ことで解雇までの日数を短縮することが可能です。また，解雇予告除外認定として労働者側に責任があった場合は，所轄労働基準監督署長に対して申請をすることができますが，刑法に抵触するような行為があるなど，その範囲は広いとはいえません。また，そもそも解雇ができない期間が，次の場合です（労働基準法第19条（解雇制限））。

- 　労働者が業務上負傷し，または疾病にかかり療養のために休業する期間およびその後30日間
- 　産前産後休業によって休業する期間およびその後30日間

【雇用保険上の取扱い】

　失業手当を受給する際には，一般の受給資格者か特定受給資格者または特定理由離職者に分類されます。一般の受給資格者とは，自己都合退職者などをいい，給付制限期間（失業手当を受給できない期間）が2か月〜3か月*設けられています。特定受給資格者とは，倒産や解雇などの理由により再就職の準備をする時間的余裕がなく離職を余儀なくされた場合等であり，特定理由離職者とは，有期雇用労働者の労働契約が更新されなかった場合や，その他やむを得ない理由（体力の不足や疾病，負傷等）により退職した場合です。ハローワークで実際に決定することとなりますが，原則として退職勧奨も解雇も特定受給資格者にあたりますので，給付制限期間はありません。

　　＊　令和2年10月1日以降に「正当な理由がない自己都合により離職」した場合は，5年間のうち2回までは給付制限期間が3か月から2か月に短縮されました。

【退職勧奨と解雇の相違点】

　応じるか否かは，労働者に委ねられている退職勧奨と，使用者側からの一方的意思表示である解雇では，全く性質が異なります。よって，双方が合意の上での解雇というのは矛盾しています。本事例では，失業手当が直ぐに受給できる解雇であれば応じるとの発言がありますが，雇用保険上の離職理由は解雇であっても退職勧奨であっても同じ会社都合となります。

　また，安易に解雇を選択してしまうと，今後不当解雇として争いに発展するリスクがあります。矛盾しているとはいえ，労働者側から解雇の提案があり，

会社として解雇を選択したとしてもその時点で，今後不当解雇として争わない旨の合意が取れているとはいえず，かつ，現実問題として「解雇」をした事実は残ります。

雇用保険被保険者離職票―2（「解雇理由」より抜粋）

4　事業主からの働きかけによるもの

(1)　解雇（重責解雇を除く。）

(2)　重責解雇（労働者の責に帰すべき重大な理由による解雇）

(3)　希望退職の募集又は退職勧奨

出所：ハローワーク　info_ 1 _e 7 _01.pdf（mhlw.go.jp）

<教　訓>
　辞職や合意退職の場合は，実務上，書面を取得しておくことが肝要です。また，退職願か退職届かは形式的ではなく，内容から判断されます。
　解雇は，使用者側からの一方的な意思表示であり，合意の解雇というものはありません。

Ⅱ 本採用前後のトラブルから退職に発展した場合

- ・ 採用取り消し
- ・ 試用期間延長によるトラブル

【失敗事例 23】

　2名の求人を出し，1名は新卒の採用面接で終始社交的な人柄であったことから，社長判断で内定を出したところ，人事担当者から当該求職者のSNSから不適切な投稿があったことが報告された。疑心暗鬼になった社長は，「現実には労務の提供開始前であるため，解雇には当たらない。」として，人事担当者に内定取り消しを通知するよう指示をした。

　もう1名については，中途採用であったことから既に採用し，試用期間を経て本採用予定であったが，能力不足が確認されたことから，本採用を拒否した。

【注意点】 1　採用内定の法的位置づけ

　　　　　 2　試用期間

　　　　　 3　本採用拒否を行う際の注意点

　採用面接を経て内定を出した状態とは，「始期付解約権留保付労働契約」が成立した状態とされます。

　「始期付」とは，内定の時期から入社して就労するまでは一定の期間があるためとされています。

　「解約権留保付」とは，入社までにやむを得ない事由が発生した場合には内定を取り消すことがあるため，解約権を留保した労働契約（条件つきの労働契約）とされています。

　「やむを得ない事由」には，参考判例として大日本印刷事件（最高裁・昭和54年7月20日）があります。採用内定の取り消し事由は採用内定当時知るこ

とができず，また，知ることが期待できないような事実であり，これを理由として取り消すことが解約権留保の趣旨，目的に照らして，客観的に合理的で社会通念上相当として是認できるものに限られると判示しています。

　具体的には，健康状態や経歴詐称などが当たりますが，これらが発覚したからといって直ちに内定取り消しが可能とはいえず，健康状態が回復傾向の場合は業務への影響は大きくなく，また，経歴詐称の場合も内容や程度により従業員の適格性が判断されます。しかし，医療従事者などの有資格者（例えば医師免許を持つ医師の求人）が前提の場合の採用内定取り消しは是認できるといえます。

　職業安定法では，新卒者に対して採用内定取り消しを行う場合は，事業所所轄のハローワークまたは学校長等へ通知することとされています。また，厚生労働大臣が定める場合に該当する場合は，学生生徒等の適切な職業選択に資するよう，その内容を公表できるものとされています。具体的には，次のとおりです。

　内定取消しの内容が、次のいずれかに該当する場合（ただし、倒産により翌年度の新規学卒者の募集・採用が行われないことが確実な場合を除く。）

[1]　二年度以上連続して行われたもの

[2]　同一年度内において十名以上の者に対して行われたもの
　（内定取消しの対象となった新規学卒者の安定した雇用を確保するための措置を講じ、これらの者の安定した雇用を速やかに確保した場合を除く。）

[3]　生産量その他事業活動を示す最近の指標、雇用者数その他雇用量を示す最近の指標等にかんがみ、事業活動の縮小を余儀なくされているものとは明らかに認められないときに、行われたもの

[4]　次のいずれかに該当する事実が確認されたもの
　・　内定取消しの対象となった新規学卒者に対して、内定取消しを行

わざるを得ない理由について十分な説明を行わなかったとき
・　内定取消しの対象となった新規学卒者の就職先の確保に向けた支援を行わなかったとき

出所：厚生労働省「新規学校卒業者の採用内定取消しの防止について」

【採用時のインターネット調査】

　採用時には，必要最低限，SNS等の調査を行う企業が増えています。調査を行うこと自体は問題ありませんが，取得方法に違法性があると問題になる場合があるので，注意が必要です。近年では，「バイトテロ」により企業や店舗の社会的なイメージダウンに留まらず，店舗のフランチャイズ契約の解除などの損害が発生していることから，慎重にならざるを得ない面があります。しかし，不適切な投稿の内容や程度にもよりますが，画一的に内定取り消しと判断するのは短絡的です。入社時に「誓約書」や「身元保証書」で自覚を促すことや，教育や研修を積むことで「人材」から「人財」へと変化することもあります。

【試 用 期 間】

　入社前の筆記試験や面接だけでは，求職者の適格性を判断することが難しく，実際に働いてもらいながら会社が本採用前に社員としての適性を判断するために設けられています。期間は，１か月～６か月程度が一般的ですが，法律によって上限が設定されているわけではありません。

　しかし，あまりにも長期の設定をしてしまうと，労働者にとって長期的に不安的な状態であり，公序良俗に反して無効とされる場合があります。法的には，試用期間とは，「解約権留保付労働契約」とされます。解約権が留保された状態とはいえ，使用者と労働者の間には既に労働契約が成立しており，試用期間終了後の解約権行使は事実上の解雇となります。端的には試用期間の性質として，本採用拒否は，本採用後の労働契約時の解雇よりも広い範囲で認められると解されますが，解約権の行使は，解約権留保の趣旨，目的に照らして客観的に合理的な理由があり，社会通念上相当として是認される場合に限り許される

ものとされます。

【試用期間の延長】

　設定した試用期間では，社員としての適性を判断し難いケースもあります。特に with コロナ時代においては，在宅勤務を始めとした離れた場所からの労務提供も一般的になりつつあることから，旧来よりも社員としての適格性の見極めに難渋することは想像に難くありません。結論としては，試用期間の延長は，原則として就業規則に根拠規定がなければ難しいと考えます。

　また，根拠規定があっても合理的な理由がなく延長する場合は，無効とされるリスクがあります。また，延長しようとする場合には，労働者に対してその可能性，延長期間を明示し，合意を取得しておくことが適切です。

【試用期間満了前の解雇】

　試用期間満了前に解雇する場合は，本来設定してある期間を満了せずに労働者に対して通告することとなるため，会社に対して著しい背信行為等があった場合を除き，なぜ全期間を見たうえで適格性を判断しなかったのかということになり，解雇の有効性を基礎づける客観的合理性や社会通念上の相当性は認められにくいと考えられます。

【解 雇 予 告】

　労働基準法第21条には，「解雇予告の適用除外」の規定が設けられています。これは，臨時的性質の労働者に対しては解雇予告制度を適用することが難しいことからとされています。

　一方で，解雇予告義務を免れるために意図的に臨時的な雇用形態を濫用することを防止するために一定期間を超えて引き続き使用されるに至った場合は，労働基準法第20条（解雇の予告）を適用するとしています。

　そこで，試用期間中の労働者については，14日を超えて引き続き使用されるに至った場合は30日前の解雇予告が適用されます。また，解雇予告の意思表示は一般的には取り消すことはできません。例外として，労働者が具体的事情の下に自由な判断によって同意を与えた場合には，取り消すことができます。解雇の意思表示の取り消しに対して労働者の同意がない場合は，自己都合退職

の問題は生じません（昭和33年基発90号，昭和25年基収2824号）。

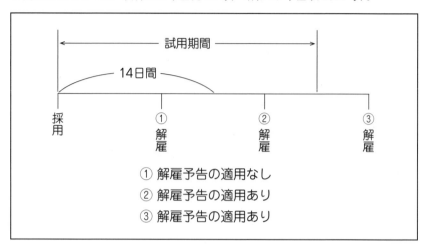

① 解雇予告の適用なし
② 解雇予告の適用あり
③ 解雇予告の適用あり

＜教　訓＞
　試用期間中であっても，安易に本採用拒否を選択してしまうと，法的紛争に巻き込まれるリスクがあります。本採用拒否を行う場合は，試用期間中に社員としての適格性を否定する事実があるかを冷静に判断することが重要です。

Ⅲ　副業発覚時の対応

・　就業規則と厚生労働省ガイドライン

・　実務対応方法

【失敗事例 24】

　従業員が退職の申し出をしたところ，他の職員より副業を行っているとの報告があったことから，人事部長は次のように対応した。

　「就業規則上では，副業は原則禁止としており，必要であれば許可を取る旨の記載をしている。君の行動を確認させてもらったが，場合によっては懲戒処分もあり得る。

　そうなると，次の就職にも影響があるだろうし，他の従業員の目もあることから，君の申し出よりも早期に退職する選択肢も提示させてもらう。」

【注意点】　1　副業・兼業に関する法律

　　　　　　　2　with コロナ時代の副業・兼業の姿

　　　　　　　3　副業・兼業禁止企業における副業・兼業を窺わせる場合の対応時の留意点

　副業・兼業を規定する法律はありません。そこで，会社内の就業規則に「社内のルール」として定めがあります。就業規則は，常時 10 人以上の従業員を雇用する場合は一定の事項を作成して，所轄労働基準監督署長に届けなければなりません（労働基準法第 89 条）。また，届け出るだけでなく，従業員に対して周知しなければなりません（労働基準法第 106 条）。具体的には，常時作業場の見やすい場所へ掲示，または備え付けること，書面の交付等があげられます。

　しかし，就業規則はいうなれば会社のルールであり，法律で明確な基準がな

いことから，厚生労働省では，平成30年1月に「副業・兼業の促進に関する
ガイドライン」を作成しており，令和2年9月に改正されました。副業・兼業
の現状として副業・兼業を希望する労働者は年々増加傾向にあり，その理由は
（コロナ禍以降は特に），収入の増加，自身の活躍の場を広げたい，他分野の人
とのつながりを持ちたい，本業につながる能力アップ等があげられます。また，
副業・兼業の形態も，労働基準法上の「労働者」にあたるパート・アルバイト
から労働基準法上の「労働者」にあたらない個人事業主など多様に存在します。

【副業・兼業に関する基本的な考え方】

　副業・兼業に関する裁判例では，労働者が労働時間以外の時間をどのように
利用するかは基本的に労働者の自由であり，企業においてそれを制限できるの
は，次のケースです。

- ・　労務提供上支障がある場合
- ・　業務上の秘密が漏洩する場合
- ・　競業により自社の利益が害される場合
- ・　自社の名誉や信用を損なう行為や信頼関係を破壊する行為がある場合

　しかし，就業規則に副業・兼業一切禁止との定めがある場合に，画一的に副
業・兼業を禁止できるかという議論にもなりますが，あくまで就業規則は勤務
時間内において使用者の指揮命令に従うこと（勤務時間外であっても社会通念
上企業の信用を失墜させる（またはその恐れがある）行為は禁止できる）を明
文化しているのであり，勤務時間終了後の私的な時間まで会社が完全にコント
ロールできるものではありません。いうまでもなく，勤務時間内に副業・兼業
を行っている場合や会社の備品を用いて副業・兼業を行う場合は（就業規則に
おいて規定が置かれていることが前提となりますが），懲戒処分の対象になり
得ます。

　そこで，過去の裁判例も踏まえて，副業・兼業一切禁止としている企業は，
副業・兼業が自社での業務にどの程度支障をもたらすのかを今一度精査したう
えで，勤務時間以外の時間の使い方は労働者の希望に応じて副業・兼業を認め
る方向で検討する企業が増えています。

【副業・兼業容認の場合の留意点】

（安全配慮義務）

　問題となり得るのは従業員の業務量，労働時間が過重であることを知りながら何らの配慮をしないまま，従業員の健康に支障が生じた場合です。よって，就業規則上で長時間労働等により労務提供上に支障が生じている場合は，副業・兼業を禁止または制限できるようにしておくことが有用です。

（秘密保持義務）

　従業員は，業務上知り得た秘密を守る義務を有しています。本業で知り得た秘密を他の使用者に漏洩させることがあってはなりません。よって，就業規則上で業務上の秘密を漏洩する場合は，副業・兼業を禁止または制限することができるようにしておくことで，注意喚起を促す効果が期待できます。

（競業避止義務）

　一般的には，在職中に使用者と競合する業務を行ってはならないと解されています。これは，使用者の正当な利益を不当に侵害してはならないことを内容とする義務であり使用者の正当な利益が侵害されない場合は，同一の業種，職種であっても容認する範囲内に含まれると考えられます。よって，就業規則上では，競業により自社の正当な利益を侵害する場合には，副業・兼業を禁止または制限することができるとしておくことが有用です。

（誠 実 義 務）

　従業員は，誠実に労務に従事し，使用者の名誉，信用を毀損しないことが求められます。よって，就業規則上では，信頼関係を破壊するような行為がある場合には，副業・兼業を禁止または制限することができるようにしておくことが有用です。

（労働時間管理）

　労働基準法第 38 条 1 項には「労働時間は，事業場を異にする場合においても，労働時間に関する規定の適用については通算する。」と規定されており，「事業場を異にする場合」とは，事業主を異にする場合も含む（昭和 23 年 5 月 14 日基発第 769 号）とされています。副業・兼業の場合は，自社での労働時

間と従業員からの申告等により把握した時間を通算することによって行うのが一般的です。

（健康管理）

労働安全衛生法第66条（健康診断）のほか，長時間労働者に対する面接指導，ストレスチェックなどで事後措置を必要とする従業員に対しては，副業・兼業者のみ除外するのではなく，また，労働時間の上限規制を遵守しながら，健康確保に十分留意し労務管理すべきです。

【実務対応例】

社内では副業・兼業を禁止しており，他の従業員からの進言等により副業兼業を窺わせる従業員に対して実態を確認する場合は，「預貯金口座を確認する」とした対応の是非を確認します。いうまでもなく，会社で調査をするとしても限界があります。また，給与収入以外（副業兼業収入）の収入があったか否かにフォーカスをあてて預貯金口座を確認するとしてしまうと，個人情報の観点からその必要性には疑問符がつきます。

例えば，夫婦で共通の口座としている場合には，一部分ではあるものの配偶者の情報や必要以上に私的な他の情報が把握できてしまう点は問題です。それでは，そのような情報のみ黒塗りで提出させてはいかがかとの議論にもなりますが，そうなってしまうと，必要とされる情報とそうでない情報の操作ができてしまい，情報の峻別はもはや不可能です。そもそも副業・兼業の禁止は，収入があったか否かというよりも企業にどのような損害を与えたか（またはそのリスクがあったか）が問われる部分と考えるのが妥当です。

【会社側が被るリスク】

従業員の申し出（例えば12月末退職）よりも前の退職日（例えば10月末退職）を提示すること自体は問題ありませんが，本事例の場合は従業員の合意が取れておらず，会社都合退職となります。会社都合退職の場合は，当分の間は助成金を受給できなくなること等のデメリットがあるだけでなく，従業員の意思は仮に12月末退職（10月末退職という意思はない）であったにもかかわらずそれよりも前に雇用関係を切ってしまうと，実質的には解雇ではないかと紛

争が生じてしまうリスクがあります。少なくとも，一般的な自己都合退職と同視することは困難となります。また，懲戒処分に当たるか否かは，慎重に判断すべきです。

少なくとも，本人からの事情を聴くまでもなく他の従業員からの進言および会社側の判断のみで懲戒処分を決定するのは，明らかに短絡的です。

【副業兼業のメリット例】

（従 業 員 側）

離職せずとも自社では経験できないスキルを積むことが可能となり主体的なキャリア形成が可能となる → 労働時間が長くなる点は否めないことから健康管理には十分留意する必要がある。

（企 業 側）

社内では提供できないスキルを獲得させる機会の提供となり得ることから，人材流出の抑止にも繋がる → 労働時間管理や健康把握は無視できず，他の義務（秘密保持義務等）をどう確保できるかが課題となる。

＜教　訓＞

就業規則に規定してあるからといって，画一的に懲戒処分が認められるということにはなりません。

実際にどのような行為があり，どの程度会社に損害を与えたのか（またはそのリスクがあったのか）が問われます。

Ⅳ 病気に罹患した社員への対応

- ・ 就業規則のつくり方
- ・ 主治医と産業医
- ・ 復帰する場合の時期

【失敗事例 25】

　精神疾患に罹患し，病気休暇や休職制度があるものの企業内の経験則として長期雇用が難しいことから，1度，退職勧奨を行ったにもかかわらず応じなかったことから，再度退職勧奨を行い，合意退職とした。

【注意点】 1　病気休暇，休職制度とは

　　　　　 2　病気休暇，休職制度の期間

　　　　　 3　従業員との雇用契約を打ち切る場合の留意点

　病気休暇とは，労働基準法上の年次有給休暇（1ページを参照）とは別に企業独自で設けられた休暇であり，特定の事由（例えば医師の診断により就労困難との診断が下された場合）に該当した場合に限り，労務の提供を免除することです。本来，労働基準法上の年次有給休暇は，自社のストライキに参加するような場合を除いて取得理由に制限はありません。しかし，病気休暇は，労働基準法上の年次有給休暇を上回る企業独自の休暇であることから，取得理由や取得可能日数に制限を加えても問題はありません（同一労働同一賃金問題としての論点を除く）。

　休職制度とは，従業員の労務の提供が困難となった場合等に，労働契約自体は存続させ，労務の提供を免除することです。多くの場合は，従業員の私傷病により労務の提供が困難となった場合に適用されます。本来，労働契約で締結した労務の提供ができなくなった場合に，契約上は債務不履行となり解雇が議論されるところではありますが，休職制度を活用することで解雇を一定期間猶

予する機能として活用されています。一部の例外を除き，病気休暇や休職制度があるにもかかわらず全く活用せずに解雇した場合は，合理的理由とともに社会的相当性に疑問符がつくこととなります。

【病気休暇，休職期間の長さ】

　病気休暇は無論，「休職」についても，法律による定めはありません。よって，企業の裁量により規定することが可能です。休職制度を全く整備していない場合は，「猶予措置」がないことから早期の決断が迫られることとなり，労務管理上の選択肢を残す意味でも得策とはいえません。休職期間中は，有給であることを義務付けられるわけではなく（既に就業規則で規定されている場合を除く），無給であっても健康保険に加入している従業員の場合には，傷病手当金（支給を始めた日から1年6か月間，概ね給与の3分の2を非課税で受給可能）が受給できることから，企業の負担が増えることなく，一定の収入保障があります。期間については企業規模に応じて長短がありますが，就業規則に規定すると就業規則の最低基準効が働き，就業規則で定めた内容を下回ることができなくなる（個別の労働契約で就業規則を上回る定めをした場合には当該定めは有効）ことから，慎重に決定すべき部分です。また，精神疾患の場合は復職と休職を繰り返すことも珍しくありません。よって，安全配慮義務の観点からも労務提供が客観的に困難であるといわざるを得ない場合は会社側から休職を命じることができること，復職後〇か月以内に同一または類似の事由により通常の労務提供ができない状況に至った場合は復職を取り消し，休職を命じる規定を整備しておくことも一案です。特に短期間で復職と休職を繰り返す場合は，そのたびに休職期間がリセットされ，半永久的に休職となってしまうと労務管理上も正常な状態とはいえないことから，「〇日以内に同一または類似の事由により再度の休職となった場合は復職前の休職期間と通算する。」などの規定の整備も妥当です。

【主治医と産業医】

　主治医も産業医も同じ医師であることには変わりませんが，実態として労務管理上問題となりやすい論点として，主治医の診断書には多分に従業員や従業

員の家族の意向が反映されていることがあります。事業場内の労務内容に照らして考えると，客観的に就労困難とまではいい難いにもかかわらず自宅療養が必要との記載がされる場合があることです。そこで，産業医への受診を求める規定を設けておくことが適切です。産業医は自社の作業環境や労働密度，健康教育，健康相談等，その会社の労働負荷等に特化した知見を有していることから，より本質的な判断が可能といえます。

【精神疾患へ罹患した従業員への退職勧奨】

　病気休暇や休職を満了しても労務提供が困難である場合は，「当然退職」との定めを設けておくことで退職勧奨を行う必要はありません。休職制度は，解雇猶予措置の位置づけにあり，労働契約締結時に定めた労務提供が困難となったことから本来は債務不履行により契約解消を議論すべきところ，一定期間労働契約解消を猶予している状態です。

　そこで，休職期間が満了した場合は，原則に立ち返り，会社からの一方的意思表示で足りる解雇の議論となりますが，解雇となると従業員側の精神的な負荷や再就職時の就職活動に不利となることが予想されます。

　また，会社としても解雇の意思表示は重い決断を迫られ，万が一トラブルに発展した場合のリスクも大きいこと，そもそも解雇の場合は30日前の予告期間の設定，予告がない場合は予告手当の支払いが必要であること（労働基準法第20条）等も含めると休職期間満了時には解雇ではなく，また，退職勧奨をするまでもなく，「当然退職」としておくことがトラブル防止ならびに違法な労務管理を避けるためにも適切です。

＜教　訓＞

　近年は精神疾患への罹患が多く，短期間で復職と休職を繰り返すことも珍しくありません。

　就業規則の整備は必須となりますが，既に休職規定を設けており，運用を開始している場合は，就業規則の不利益変更とならないように専門家の意見を聴くなど慎重に進めたい部分です。

Ⅴ　期間満了者の退職

- ・　疾病，負傷中の社員の場合
- ・　勤続期間，更新への期待

【失敗事例 26】

　１年毎に契約更新をしているパートが，業務災害により労務提供が困難となった。

　業務災害により休業する期間およびその後 30 日間は解雇できないことから，再度の契約更新を行った。

【注意点】　１　有期雇用と解雇制限の関係

　　　　　　　２　有期雇用労働者の雇止めに関する過去の裁判例

　　　　　　　３　有期雇用労働者と労災保険

　労働基準法第 19 条には，「解雇制限」として，労働者が業務上負傷し，または疾病にかかり療養のために休業する期間およびその後 30 日間は解雇そのものが制限され，その期間に解雇してもその解雇は無効になると規定されています。

　しかし，期間の定めのある労働者の場合は，次の通達が出されています。

契約期間の満了と労働契約の終了

　一定の事業に限ってその完了に必要な期間を契約期間とする労働契約を締結している場合においては，当該労働者の労働契約はその契約期間の満了によって終了するものであって労働基準法第 19 条 1 項の解雇制限の規定の適用はない。（昭和 63 年基発 150 号）

　よって，当初から契約更新を予定していたのであれば次回の更新をするのでしょうが，「期間満了により契約終了予定であったが，業務災害により休業し

ているために契約更新を行わなければならない」ということではありません。

【勤続期間、更新への期待は】

期間の定めのある労働契約に関した判例として，次の２つの判例があります。

> **東芝柳町工場事件**（最高裁・昭和 49 年 7 月 22 日）
>
> 契約期間が２か月の労働契約を締結した従業員に対して当該契約が５回から 23 回更新された後に会社から勤務態度の不良や業務量の減少を理由に雇止めの意思表示があり，従業員は労働契約の存在確認等を求めて争いとなりました。結論として期間は一応２か月と定められてはいるものの実質的に格別の意思表示がなければ当然更新される労働契約と解するのが相当あり，実質的に期間の定めのない労働契約と変わらない状態であり，雇止めの意思表示も契約を終了させるための趣旨のもとにされたものであり，実質的に解雇の意思表示にあたるとされ，解雇に関する法理を適用すべきとされました。
>
> **日立メディコ事件**（最高裁・昭和 61 年 12 月 4 日）
>
> 昭和 45 年 12 月 1 日から同月 20 日まで臨時員として雇用され同月 21 日以降，期間２か月の労働契約が５回更新されてきたものの不況に伴い業務上の都合により昭和 46 年 10 月 21 日以降の契約更新を拒絶したことで争いが生じました。企業の臨時員は景気変動に伴う受注の変動に応じて雇用の調整弁として設けられた雇用形態であり，採用にあたっても学科試験や技能試験等はなく，簡易な方法によって採用を決定していました。また，臨時員の作業内容はいわゆる単純作業が多く，当該従業員も比較的簡易な作業に従事しており，契約更新にあたっては，更新期間前に本人の意思を確認し，５回にわたって期間満了の都度，契約更新がされてきました。そして，会社は業績悪化に直面したことから従業員に事情を説明し，希望者には就職先の斡旋をすることを告げるも当該従業員は希望しませんでした。結論としては５回にわたって行われた契約更新は，解雇に関する法理が類推されると言えるものの簡易な採用手続きでの入社，有期的な契約を前提

とする者である以上，実質的に期間の定めのない契約であったということはできず，終身雇用制度と合理的な範囲内で差異があってもやむを得ないと判断されました。また，工場を 1 つの事業部門として独立採算制を採用していたことからも人員削減の要否を判断することも不合理とはいえないと判示されています。

【労 災 保 険】

労災保険と雇用保険を総称して「労働保険」と呼びますが，一般的な雇用保険の加入条件は，次のとおりです。

- ・　週の所定労働時間が 20 時間以上
- ・　31 日以上の雇用見込み

よって，短時間での勤務となるアルバイトの場合は，適用とならない場合があります。しかし，労災保険の場合は，労働基準法上の労働者に該当する場合には日雇い労働者であっても対象となります。よって，アルバイトは労災が使えないとする労務管理は違法となりますので，注意が必要です。また，労災保険料は従業員負担のある雇用保険料とは異なり，労働者負担はありません（全額会社負担）。

労働基準法第 9 条（定義）

　この法律で「労働者」とは，職業の種類を問わず，事業又は事務所（以下「事業」という。）に使用される者で，賃金を支払われる者をいう。

<　教　訓　>

　期間満了と解雇制限は，分けて考えることができます。

　そもそも業務災害が発生してしまう状態は，作業場レベルにおいて適切な状態が保たれているとはいい難く，作業方法の見直しや動線の適正化など，安全と衛生の確保が急務となります。

Ⅵ 懲戒処分

- ・　処分の類型
- ・　退職金減額
- ・　企業としての努力

【失敗事例 27】

　アルバイトから正社員へ転換し，3 日経過後，当該正社員が私生活において トラブルを引き起こしたことから「採用後不採用」（採用しなかったこととする）とした。

【注意点】　1　懲戒処分の種類

　　　　　　　2　退職金の性質

　　　　　　　3　懲戒処分を行う場合の企業としての留意点

　私生活上でトラブルを引き起こした場合の懲戒処分の有効性が争われた判例として，横浜ゴム事件（最高裁・昭和 45 年 7 月 28 日）を確認します。

　会社はタイヤ製造を営み，従業員は工場の作業員として勤務していました。従業員は昭和 40 年 8 月深夜に飲酒後，他人の居宅に不法侵入し住居侵入罪で逮捕されて罰金 2,500 円を課せられ，その噂も広がっていきました。そこで，会社は「不正不義の行為を犯し，会社の対面を著しく汚した者」に当たるとして就業規則に基づき懲戒解雇としました。従業員は懲戒解雇無効である旨を主張し，最高裁まで争い，一審，控訴審ともに従業員の主張が認められ，会社が上告したものの，引き続き従業員の主張が認められました。従業員の行為は恥ずべき性質の事柄であり，会社としても職場諸規定の順守，逮捕の事実が数日の間に広まってしまったことを考えると会社として従業員の行為を軽視できず懲戒処分を行ったことはやむを得ないといえます。

　しかし，賞罰規定の趣旨に照らして考えると，従業員の行為は，会社の組織，

業務には関係のない私生活の範囲内で行われたものであること，罰金が 2,500 円程度であったこと，従業員の地位も指導的な立場でないことなどの事情を勘案すると，会社の対面を著しく汚したとまでは評価できないと判示されています。

　また，本件が再犯であり，かつ，常習性があった場合は，また違った判決であった可能性はあります。そして，職務に関連する犯罪行為の場合は，一般的に重い懲戒処分は免れないといえます。例えば，タクシーやバスの運転手が飲酒運転等により刑罰を受けた場合の懲戒処分は，有効と判断される可能性が高く，飲酒運転に対する社会的な批判や懲罰を科す合理性は，昭和の時代よりも現在のほうが高いと考えます。

【懲戒処分の種類】

（戒　　告）

　従業員の非行等に対して口頭での注意によって将来を戒めるものです。懲戒の種類のなかでは最も軽い処分となり，比較的軽度の非行等であれば戒告が選択されるケースが一般的です。

（譴　　責）

　従業員から自身の非行等についての始末書を提出させ，将来を戒めるものです。これは，書面を提出することにより，今後同様の行為を行わないよう従業員自らの言葉で誓約させることです。

（減　　給）

　従業員の非行等について，一定割合で給与を減額する処分です。給与は従業員にとって生活と密接に関わり，労働基準法に次の規定があります。

労働基準法第 91 条（制裁規定の制裁）
　就業規則で，労働者に対して減給の制裁を定める場合においては，その減給は，1 回の額が平均賃金の 1 日分の半額を超え，総額が 1 賃金支払期における賃金の総額の 10 分の 1 を超えてはならない。

　減給の制裁を一賃金支払期における賃金総額の 10 分の 1 を超えて行う必要

が生じた場合は，その減給は次期以降に繰り越して行うことは可能です。また，従業員が遅刻，早退（有給休暇を行使した場合は賃金発生）をした場合については，ノーワークノーペイの原則により賃金債権は生じません。よって，減給の制裁規定には該当しないということです。

（出勤停止）

　服務規律等に違反した従業員に対して労働契約を維持しつつ，一定期間，出勤を停止させることです。一般的には１週間から２週間程度であり，違反の程度と比較してあまりにも長期間の出勤停止としてしまうと，権利濫用と評価される可能性があります。

（降　　格）

　役職を下げることです。役職が下がることで附随的に賃金の総額も減額することが多くなります。例えば不祥事により係長から主任へ降格させ，賃金も主任として定める額へ減額させた場合は，職務変更に伴う当然の結果であり，減給の制裁規定に該当するものではありません。

（諭旨解雇）

　従業員を一方的に解雇するのではなく，双方が話し合い，納得したうえで解雇処分を進めることです。諭旨とは，「趣旨を告げる」という意味です。よって，実質的には懲戒解雇に当たり得る不祥事でありながら，会社の酌量により懲戒解雇の手前の処分に留めるということです。

（懲戒解雇）

　懲戒処分のなかでも最も重い処分です。従業員が犯した不祥事に対して就業規則の規定内容に応じて処分が行われます。労働基準法を始め日本の労働法制は労働者保護が前提であり，解雇には多くのハードルが課せられます。よって「懲戒解雇」は，余程の理由がなければ選択することはできません。懲戒解雇の場合は，退職金の全部または一部の不支給などが一般的であり，経歴上，労働者の再就職も不利になります。これは自己都合退職ではないことから，履歴書に自己都合退職と記載すると経歴詐称となり，発覚した場合には内定取り消しとなることがあります。

【退職金の性質】

　退職金は，判例（三晃社事件：最高裁・昭和52年8月9日）において「賃金の後払い的性格」と同時に「功労報償的性格」を有すると認められています。よって，従業員の非行等が発覚した場合であっても，退職金を全額不支給とするのは，従業員のこれまでの功労を全て抹消してしまうほどの重大な背信行為である場合を除いて難しいといえます。

【採用後不採用】

　労働契約を締結する前であれば，（錯誤があった場合など）契約を無効とすることは可能です。しかし，従業員として既に会社に提供し終えた労務を返還してもらうことは不可能であり，一旦開始された労働契約を無効とすることは，労働者保護の強い日本の労働法制上，一部の例外を除き，困難といわざるを得ません。

　また，既に従業員が提供し終えた労務の対価を不払いとすることもできず，適正な賃金支払いの観点からも違法な労務管理となります。

＜教　訓＞

　懲戒処分の該当性は，行為の性質，会社の事業内容，従業員の会社における地位等を総合的に勘案して決定すべきであり，一旦開始された労働契約の遡り解約は，錯誤や経歴詐称などの背信行為でない限り難しいのが現状です。また，既に受領した労働の対価である賃金支払い問題も無視できません。

■ ニューノーマル（新常態）における労務管理の基本的な対応と考え方

　コロナ禍を経て，旧来の常識が非常識となる場合も多く見られるようになりました。企業にとって欠かすことのできない「ヒト，モノ，カネ」のうち，「ヒト」については今後も必要不可欠な存在であり，かつ，3つのなかで唯一感情を持っています。感情は諸刃の剣でもあり，良い方向にも悪い方向にも進むことから，まず，企業としては悪い方向に進むことを回避するのが適切です。

　悪い方向に進む典型的な例として，ずさんな労務管理があげられ，本書ではさまざまな失敗事例を取り上げてまいりました。何を持って失敗とするかは時代とともに変化する部分でもあり，一概には論断できませんが，目の前の事案に対して，その時の社会通念や同業他社の動向などを把握し，判断・決断していくことが適切です。

　with コロナ時代においては過去に前例のないなかでの労務管理となり，十分な判例や教訓が蓄積されているとはいえず，どの企業であっても日々，「自社にとっての最善」を模索しながらの判断・決断となります。判断と決断は異なり，判断とは先が見通せるなかで過去の事例なども勘案しながら客観的に物事を決めることです。反対に，決断とは先行きが不透明ななかでも主観的に物事を決めることです。いうまでもなく過去の事例の蓄積がない場合は，適切な判断は難しくなります。そして，一般的に決断は判断と比較するとエネルギーを要し，極力回避する傾向があります。しかし，先行きが不透明であり，時代の移り変わりの激しい現代では継続的に判断・決断を回避し続けることは事業の停滞を招来することにも繋がりかねません。

　最後になりますが，本書が読者の方々の労務管理における判断・決断の一助になることを願ってやみません。

著　者

【著者紹介】

蓑田　真吾（ミノダ　シンゴ）

　社会保険労務士。

　1984年生まれ，大学卒業後，一般企業を経て都内医療機関に勤務し，人事総務部門の業務に携わる。

　現在は，みのだ社会保険労務士事務所にて代表を務め，助成金・補助金の情報発信，労働・社会保険諸法令における最新の情報を盛り込んだセミナーを開催している。

　また，幼少期から野球を継続しており，大学3年時より硬式野球部の選手から学生コーチへ転身し，中学生硬式野球指導においてはコーチとして全国大会準優勝2回を経験。社労士業務と並行し，野球界における後世の育成にも励んでいる。現在は，東京日本橋ボーイズでヘッドコーチを務める。

著者との契約により検印省略

2021年9月1日　初版発行

後悔を減らすために
失敗事例から学ぶ労務管理

著　者　蓑　田　真　吾
発行者　大　坪　克　行
印刷所　光栄印刷株式会社
製本所　牧製本印刷株式会社

発 行 所　〒161-0033 東京都新宿区
下落合2丁目5番13号

振替 00190-2-187408
FAX（03）3565-3391
URL　http://www.zeikei.co.jp/
乱丁・落丁の場合は，お取替えいたします。

株式会社 税務経理協会

電話　（03）3953-3301（編集部）
　　　（03）3953-3325（営業部）

ISBN978-4-419-06808-0　C3034